新时代中国高校
体育俱乐部制研究

秦纪强 著

北京师范大学出版集团
安徽大学出版社

图书在版编目(CIP)数据

新时代中国高校体育俱乐部制研究/秦纪强著.—合肥:安徽大学出版社,2021.11
　ISBN 978-7-5664-2316-0

　Ⅰ.①新… Ⅱ.①秦… Ⅲ.①高等学校－体育组织－俱乐部－研究－中国 Ⅳ.①G807.4

中国版本图书馆CIP数据核字(2021)第228609号

新时代中国高校体育俱乐部制研究

秦纪强 著

出版发行:	北京师范大学出版集团 安 徽 大 学 出 版 社 (安徽省合肥市肥西路3号 邮编230039) www.bnupg.com.cn www.ahupress.com.cn
印　　刷:	安徽昶颉包装印务有限责任公司
经　　销:	全国新华书店
开　　本:	170 mm×240 mm
印　　张:	12.25
字　　数:	216千字
版　　次:	2021年11月第1版
印　　次:	2021年11月第1次印刷
定　　价:	48.00元

ISBN 978-7-5664-2316-0

策划编辑:刘中飞	装帧设计:李伯骥　孟献辉
责任编辑:刘中飞　马晓波　刘婷婷	美术编辑:李　军
责任校对:李海妹	责任印制:陈　如　孟献辉

版权所有　侵权必究

反盗版、侵权举报电话:0551—65106311
外埠邮购电话:0551—65107716
本书如有印装质量问题,请与印制管理部联系调换。
印制管理部电话:0551—65106311

前 言

  值此第一个百年奋斗目标如期实现之际,我国进入社会主义新发展阶段,贯彻新发展理念,构建新发展格局,着力推进高校体育俱乐部制继承创新与持续发展,是新时代我国高校体育发展进入新境界、取得新成果的重要举措。当下,我国高校体育俱乐部制仍然面临诸多困境,继续深入开展该领域的探索与研究十分必要。鉴于此,笔者采用文献调研、哲学思辨、数理统计、在场分析等方法对我国高校体育俱乐部制的演进脉络进行梳理,并通过中外高校体育俱乐部制发展比较,就新时代我国高校体育俱乐部制创新发展与持续发展提出自己的感悟与见解。

  本书共9章。第1—3章,立足理论,对体育、我国学校体育、我国高校体育俱乐部等领域关注度相对较高的诸多问题进行系统梳理,厘清我国高校体育俱乐部制的演进脉络,以期为新时代我国高校体育俱乐部制的继承创新与持续发展奠定思想基础。第4—6章,立足事实,分别对深圳大学体育教学俱乐部改革、合肥学院体育课程教学俱乐部制改革情况进行系统梳理,通过中国知网(CNKI)对我国高校体育俱乐部改革的相关研究进行文献统计与分析,以期为新时代我国高校体育俱乐部制的继承创新与持续发展奠定实践基础。第7—9章,立足未来,对国外体育俱乐部及学校体育的发展情况进行系统梳理,通过中外比较以及德、美、日、韩等国的发展启示,以期为新时代我国高校体育俱乐部制的继承创新与持续发展谋求应对策略。

  本书注重理论、尊重事实、突出发展,体现杜绝盲从、崇尚批判、注重继承等学术思想。认真查阅相关法律法规及规范性文件,旨在厘清脉络、寻根溯源;有关深圳大学、合肥学院等高校体育俱乐部制改革实践,均以真实样态呈现,旨在通过阐述具体事实引发读者作出本体判断;有关高校体育俱乐部领域的相关文献,均以检索全貌呈现,旨在通过数理统计与分析展示相关领域研究状况;有关国外体育俱乐部及学校体育的发展情况,均以在场性研究文献为依据,旨在通过中外比较探寻适合新时代高校体育俱乐部制继承创新与持续发展的中国方案。

本书完稿于 2020 年,这是极不平凡的一年,新型冠状病毒肺炎肆虐全球,生命健康的体育观在全世界面临挑战。新型冠状病毒肺炎暴发以来,中国的疫情防控措施堪称世界典范。习近平总书记强调:"人民至上、生命至上,保护人民生命安全和身体健康可以不惜一切代价。"这种深入人心的价值理念将是我国高校体育俱乐部制创新发展与持续发展永不枯竭的力量源泉。十分可喜的是,伴随新型冠状病毒肺炎疫情的有效控制,我国于 2020 年下半年连续出台两份关于学校体育教育的重量级文件。2020 年 9 月 21 日,国家体育总局、教育部联合印发经中央深改委审议通过的《关于深化体教融合促进青少年健康发展的意见》;2020 年 10 月 15 日,中共中央办公厅、国务院办公厅印发《关于全面加强和改进新时代学校体育工作的意见》。两份文件的贯彻实施将为新时代我国高校体育俱乐部制创新发展与持续发展指明方向。

本书在撰写过程中渗透了本人早期的一些研究成果,同时结合一线的教育教学实践可能作出了一些带有个人色彩的相关判断。另外,书中的很多感悟与见解可能也不太符合业界的主流观点,但本人力主本心,希望抛砖引玉,以期为广大同行和读者预留更为广阔的施展空间。由于水平与能力所限,本人所能触及的广度与深度有所欠缺,所能提出的个人观点难免有疏漏与片面,恳请读者多提宝贵意见。

秦纪强
2021 年 5 月

目　录

第一章　体育述评 …………………………………………………… 1

　　第一节　体育溯源 ………………………………………………… 1
　　第二节　体育概念 ………………………………………………… 6
　　第三节　体育发展 ………………………………………………… 11

第二章　我国学校体育 ……………………………………………… 21

　　第一节　历史沿革 ………………………………………………… 21
　　第二节　指导思想 ………………………………………………… 32
　　第三节　现实特征 ………………………………………………… 43

第三章　我国高校体育俱乐部 ……………………………………… 49

　　第一节　相关概念阐释 …………………………………………… 49
　　第二节　相关问题梳理 …………………………………………… 54
　　第三节　未来趋势构想 …………………………………………… 60

第四章　深圳大学体育教学俱乐部改革 …………………………… 64

　　第一节　改革的相关背景 ………………………………………… 64
　　第二节　改革方案的总体框架 …………………………………… 66
　　第三节　关于改革的认知及启示 ………………………………… 71

第五章　合肥学院体育课程教学俱乐部制改革 …… 80

　　第一节　改革的相关背景 …… 80
　　第二节　改革方案的总体框架 …… 86
　　第三节　关于改革的认知及启示 …… 91

第六章　我国高校体育俱乐部改革的相关研究 …… 97

　　第一节　相关研究的文献统计 …… 97
　　第二节　相关研究的文献分析 …… 106
　　第三节　研究热点及展望 …… 113

第七章　国外体育俱乐部及学校体育的发展与启示 …… 120

　　第一节　德国体育俱乐部及学校体育的发展与启示 …… 120
　　第二节　美国高校体育俱乐部的发展与启示 …… 126
　　第三节　日本体育俱乐部及学校体育的发展与启示 …… 137
　　第四节　韩国体育俱乐部及高校体育的发展与启示 …… 144

第八章　高校体育课程"选项＋俱乐部"模式的构建与实施 …… 153

　　第一节　"选项＋俱乐部"模式概述 …… 153
　　第二节　"选项＋俱乐部"模式的构建基础 …… 156
　　第三节　"选项＋俱乐部"模式的实施策略 …… 159

第九章　俱乐部制背景下高校体育名师工作室的创建与引领 …… 167

　　第一节　高校体育名师工作室概述 …… 167
　　第二节　高校体育名师工作室的创建策略 …… 169
　　第三节　高校体育名师工作室的引领路径 …… 172

参考文献 …… 179

后　记 …… 189

第一章　体育述评

体育是以身体运动为基本手段促进身心健康的教育。本章在分析体育的起源和发展的基础上肯定体育起源于劳动的一源说观点，在梳理近现代体育概念演变的主要脉络及比较中、日、美等国体育概念的基础上提出关于体育概念的理性认识，在尊重事实的基础上呈现全球化背景下世界体育的新发展及当代背景下中国体育的新发展，为新时代我国高校体育俱乐部制的继承创新与持续发展奠定理论基础。

第一节　体育溯源

长期以来，学者们一直没有停止过对体育的起源的关注和争论。目前，体育的起源尚未形成统一定论。沿着人类社会发展的历史脉络去寻根溯源及依据考古学、民俗学、人类学的研究成果进行判断，是体育起源获得历史唯物主义科学结论的两条重要路径。

一、一源说

持这种观点的学者认为，生产劳动是体育产生的唯一源泉。这一观点主要由恩格斯在《劳动在从猿到人转变过程中的作用》中揭示的劳动创造人类、劳动创造世界的科学结论演绎而来。

恩格斯在《劳动在从猿到人转变过程中的作用》中否定了经济学家关于劳动是一切财富的源泉的观点，提出劳动和自然界才是一切财富的源泉的论断。恩格斯认为，自然界为劳动提供材料，劳动把材料变为财富，劳动是人类生活的第一基本条件。

体育是人类生活的一种现象，脱离了劳动体育将不复存在。劳动促使猿直立行走并解放了双手，劳动催生了人类的语言并促使感官进化，劳动改变了人类的饮食结构并使人类适应了环境变化，劳动丰富了人类的物质财富并发展了大脑思维能力。

猿利用天然和自己制造的简单工具进行生产劳动，主要方式为采集、狩猎以及简单的农事耕作等。人类在生活和生产劳动中运用并逐渐发展了走、跑、跳、投、攀登、爬越等基本生活技能，改变了自己的身体器官，发展了自己的体力和智力。走、跑、跳、投等动作既是人类生活和生产劳动的技能，又是体育运动项目的构成基础。可以说，在人类发展的历史长河中，体育元素在生产劳动中随处可见。虽然原始体育尚未达到今天的体育样态，但最初的生产劳动孕育了体育的萌芽，劳动创造了人，从体育起源的最初动力和主要源头来看，体育自然应该起源于劳动。

二、多源说

持这种观点的学者认为，体育的产生不是一源的而是多源的。原始体育不仅与生产劳动有关，而且与教育、军事、宗教、娱乐、医疗等活动密切关联。随着体育科研的不断深入及各学科的相互渗透与借鉴，有学者对劳动产生体育说提出了质疑，认为一源说不够全面，需要进行补充。在不否认劳动起源说的基础上，陆续有人提出遗传本能说、模仿说、游戏说、精力过剩说、生理说、心理说、巫术说、需要说等主张。

关于遗传本能说，学者们认为，人天生就有进行体育活动的本能，人类进行体育活动的倾向早在遗传中就被决定了，在人的本体中，潜藏着跑、跳、攀爬等本能动机。这种学说多见于新中国成立前的一些国内外理论著作中。

模仿说是有关体育起源的最早学说，代表人物是古希腊的柏拉图、亚里士多德等。他们认为艺术源于模仿，由此推论，各种体育活动也是模仿的产物。由于体育与艺术有着千丝万缕的联系，因此，在相当长的时期内，一些学者已习惯用艺术起源的理论来解释体育起源。然而，体育与艺术虽然在美感追求上有相同之处，但其实它们属于两个范畴，模仿只是一种外在行为，体育的产生还应该存在更加原始的内在因素，把艺术的起源移植到体育的起源上，自然得不到理想的结论。

游戏说是模仿说的变形，是对体育起源更加感性的理解和更深层次的挖掘。该学说由德国学者康德提出，席勒进行了发展。他们认为模仿的动因是游戏，这种游戏无功利目的，是感官的冲动。诗是想象力的游戏，画是视觉的游戏，音乐是听觉的游戏，戏剧是运动的游戏。由此可以推出，体育是身体的游戏。席勒关于只有人是完全意义的人时他才游戏，只有当他游戏时他才是完全意义上的人的名言对游戏说产生了重要影响。

精力过剩说又叫余力说，是对模仿说和游戏说的总结和发展，也是生理学的前身，由德国的席勒提出，英国的斯宾塞发展了该学说。他们认为游戏的动力是精力过剩，也可以说是精力过剩的发泄。动物的游戏是吃饱之后的发泄，人类的游戏同样也是精力过剩的发泄。该学说曾长期统治人们的思想，其利是较以前的学说有了很大进步，真正开始突破表象的局限，已经触及体育起源的一些深层次原因；其弊是过分强调人的动物性本能，夸大了自然本性而忽视了社会本质，把人的有意识社会活动等同于本能游戏，显然过于片面和极端。

生理说是对精力过剩说的补充和完善，肯定人是唯一兼有自然属性和社会属性的动物。人作为社会化动物，除了受社会因素制约，还要受其自身生理规律的支配，比如，饥思食、困思寝、久卧思动、久动思静等，都是受人自身生理规律支配的本能反应。人总是要通过某些有意识或无意识的活动加以调节，以满足自身生理需要，于是便创造出游戏等体育活动形式。

心理说在体育界的影响比较大，几乎所有研究体育起源的学者都不能忽视心理因素在其中的作用。该学说认为，体育不仅产生于各种各样的社会活动中，还与人的心理、情感和满足人内心的各种欲望密切相关。因为原始人类也拥有喜怒哀乐等各种情绪。比如，农业丰收和捕获猎物时的快乐、遇到危险时的惊恐、失去同伴时的悲伤等都要通过一定的形式发泄出来，以获得心理上的满足和安慰，从而维持心理的平衡。

巫术说又称宗教说，是由英国人爱德华·泰勒在19世纪提出的。在生产力极其低下的原始社会，人们对各种自然现象无法解释，只好归之于神灵，产生对大自然的崇拜，用各种方式表达对崇拜物的感情。泰勒在《原始文化》一书中认为，原始人思维的主要特征是万物有灵，他们相信狩猎、养儿育女、健康等都需要神灵的帮助，因而产生了图腾崇拜、原始宗教、魔法巫术、祭祀礼仪等活动，各种舞蹈、体育竞技等相继产生，古代奥林匹克运动会就是此类行为的重要典型。宙斯成为希腊众神之主，为了祭祀宙斯，古希腊就此把奥运会作为各城邦共同的祭祀节日。

关于需要说，学者们认为，需要是人类一切活动的动因，人的本能需要既是体育产生的源泉，也是体育赖以发展的前提，其主要依据是马斯洛的需求层次理论。美国著名社会心理学家亚伯拉罕·马斯洛于1943年提出该理论，他认为人的本能需要由低到高可以概括为5个层次，分别是生理需求、安全需求、社交需求、尊重需求和自我实现需求。该理论有两个基本出发点：一是人人都有需要，在低层需要获得满足后，高层需要才能出现；二是在多种需要未获满足前，首先满足迫切需要，只有低层需要获得满足，后面的高层需要才能呈现激励作用。生理需求是人的最原始、最基本的需要，如吃饭、穿衣、住宅、医疗等，劳动是满足这种需求最主要的方式，安全需求是生理需求得到满足后的保障需要，社交需求是生理需求和安全需求得到满足后的激励需要，这三种需要可以通过外部条件得到满足。而尊重需求和自我实现需求则是高级需要，只有通过内部因素才能实现。总之，需要说可以视为多源说的集合体，包含着其他多种学说的核心元素。

三、本真面目

体育的起源之所以长期以来争论不休，其根源主要在于学者们认识和研究问题的视角不同。其实，根本的问题并不在于理论意义上的一源或多源，关键在于如何理解源之真意。

所谓源，《新华字典》的基本解释：一是水流所从出的地方，意为源头；二是事物的根由，意为根源。体育溯源即是探寻体育的源头。体育伴随人类的产生而产生，同时伴随人类的发展而发展，就像任何事物的产生与发展均有源头和过程的区别一样，体育的产生与发展也有源头和过程之分。多源说通过说理和论证，虽然从各自的角度说出了各自的道理，但从本质上忽略了体育产生及发展的源头与过程的差别。劳动创造了人本身，就体育的源头而言，其本真面目只能是一源说，即体育起源于劳动。其他各种学说皆为源头之后的推论而已，可以视为对体育产生及发展的过程探索。

体育的起源犹如人类的起源一样经历了漫长的历史进程，在这个漫长的历史进程中，生产劳动始终起着决定性的作用。劳动既然创造了人类，那么人类的社会活动也就不可能脱离劳动，体育是人类社会活动的一部分，也理所当然由劳动创造。原始人类为了求得生存,体力劳动成为他们最基本和首要的实践活动,诸如艺术、文化娱乐、教育、健身活动等都是原始人类劳动生活的派生物。劳动使人的体质得到进化,使人的心理、意识得到发展。劳动产生教育,从而把人类从动物界继承下来的兽性娱乐升华为人的娱乐。游戏是劳动的孩子,人类的很多种体育活动项目都是从生产劳动中演化而来,比如射箭、跑步、投掷等。

从原始人类使用的工具及其社会活动等方面,可以窥见体育起源的某些线索。考古发现,无论是徒手还是持器械,其中有许多内容展示了体育的源头。采集和渔猎是原始人类求食的基本劳动行为,追逐和捕捉善于奔跑的兽类,催生了赛跑运动,跳跃、投掷、攀爬、泅水等也都产生于原始人类的渔猎活动,甚至有人推断秋千也萌发于原始人类攀登上树的采集活动。为了发起对野兽和同类的进攻和自卫,原始劳动行为逐渐演化出一些徒手或持械格斗的动作和本领,因而萌生了军事体育,等等。

为了提高肢体活动能力进而提高抵御自然的生存能力,先人们创造了砍砸器、刮削器、棱状器、石球、弓箭等生产工具。这些生产工具不仅由劳动创造而且在劳动中使用,伴随劳动产品的不断丰富,游戏、娱乐、祭祀等活动自觉或不自觉地在劳动之余发生。原始社会按生产工具的发达程度可分为旧石器时代、中石器时代和新石器时代,与体育萌芽有关的两个最突出的工具是石球(现代体育中的各项球类的鼻祖)和弓矢。随着功能上由适应狩猎和原始农业生产到原始体育和军事活动的演化,劳动工具发展成为体育用品和军事武器,劳动技能也因而发展成为体育和军事技能。

总之,就体育产生与发展的源头而言,劳动具有独一无二的历史作用。劳动决定了体育的产生过程,劳动决定了体育的运动项目(活动内容),劳动决定了劳动工具向体育工具的演化,劳动决定了劳动技能向体育技能的发展。诸如传说中的燧人氏教民取火、伏羲教民渔猎、神农教民农作、黄帝作弩教民以射等远古先人的教育内容,不仅包含诸多体育因素,而且根本上是劳动内容的传授。即便奥林匹克运动会所谓的"圣火",也是劳动赐予人类的神奇礼物。当然,就体育产生与发展的过程而言,体育作为自然与历史发展过程中产生的一种文化形态,劳动之外的其他活动所发挥的作用也绝对不容忽视。

第二节 体育概念

体育作为一种社会现象,是根据社会生产和生活的需要而逐渐产生并发展起来的。人类最基本的需要是生存需要,而体育活动就是在人类为解决与外部自然关系需要的基础上产生的,它和人类改造自然的活动(生产劳动实践)有着直接的渊源。但是,作为一种概念,"体育"这个术语则是近代的产物。

一、近现代体育概念演变的主要脉络

"体育"概念的出现远远落后于体育的产生,作为近代欧洲体育发源地的古希腊,虽然涉及体育内容的文献记述随处可见,但有关体育的最基本术语只有几个,如 αθλα(athletics,竞技)、ασκηστζ(training,训练)、γυμναστικη(gymnastics,体操)。其中,竞技一词大约在公元前10世纪前后已开始使用,体操一词产生于公元前5世纪时的希腊奴隶社会。虽然当时还没有出现与今天体育完全对应的词语,但古希腊的体操一词在概念上已经十分接近,许多学者往往直接把古希腊文献中的体操(γυμναστικη)译为体育。严格来说,这两个概念差别较大,今天所称的体育,不仅手段更为丰富,而且在广义上还包括了竞技运动,体育与竞技二者成了相容的概念。这与古希腊将体操与竞技作为两个外延相交又并列使用的概念具有一定区别。就实践而言,古代中国的强体健身活动,如导引、养身、五禽戏、八段锦、易筋经、气功等实际上类似于今天的体育活动。古希腊、古罗马也盛行以养生健身为目的的实践活动,其内涵与体育相似,但那时还没有"体育"一词及概念。

1733年,法国学者杜博斯在其关于比较艺术学研究的著作《诗画论》中,最早使用了法语 education physique 一词。1748年,该书的第5版英译本在英国伦敦出版,第二卷中将法语 education physique 译为英文 physical education,此后 physical education 作为一个专门术语出现在一些教育和体育著作中。说明法语和英语中体育一词产生和应用的直接原因是艺术和教育学说的发展。

1762年,法国出版了教育家卢梭(1712—1778)的名著《爱弥儿》,其中用

体育(education physique)这个词论述了对爱弥儿的身体教育过程。1793年,德国教育家顾兹姆茨出版《青年的体操》一书,使用了身体的教育和属于教育的身体活动这样的术语。19世纪后,体育(physical education)一词已成为专门术语出现在体育著作中。汉语"体育"一词的出现,最早见于明治时期的日本(日本假名为たいいく),是由日本明治时期的学者近藤镇三在翻译西方著作时,根据英语"physical education"创制的一个新词。1876年3月,近藤镇三在《文部省杂志》第6号上第一次使用了"体育"这个词。到了1887年,体育这个词在日语中固定下来,并逐渐被更多人所接受。在中国,体育这个词是19世纪末由日本引进的,它的本义是身体的教育,是近代教育的一个组成部分。中国在洋务运动(1860—1890)中曾从外国引进体操(在军事学堂中先后开设体操课)。"体操"传入我国后,一度与"体育"并用,两者概念几乎相同。直到1923年,北洋政府新学制课程标准起草委员会颁布《中小学课程纲要》(草案),才正式将体操科改称为体育科,体育与体操自此代表不同含义,体育这个概念的使用范围亦愈加广泛。

20世纪50年代以后,随着世界各国经济、文化和科学技术的迅速发展,体育成为人们日常生活中不可或缺的组成部分,远远超出原来作为学校的身体教育的范畴。1963年,国际体育界正式成立了统一体育术语国际研究会,第一次举行了以讨论体育基本概念为主题的国际学术会议。许多国家的学者从不同角度阐述了关于体育和竞技运动(sport)的观点,但至今仍没有完全一致的看法。对体育概念问题的研究,是国际体育界共同关注的一个学术问题。

二、中日美等国体育概念比较

世界各国对体育的理解各不一致,这一点可以从日本著名学者前川峰雄所著的《体育原理》中看出来。在这本书中,前川峰雄列举了欧美学者的观点。欧美学者多把体育理解为一种活动,且不将体育与sport严格区分开来。日本学者关于体育的解释可概括为三个方面:一为身体教育论,指三育主义基础上的身体教育及实践;二为通过身体活动开展的教育,即体育是通过运动和卫生的实践以促进人性发展的教育;三为增强体力论,即体育不仅可以保持身体的健康,而且能促进身体各机能的改善。我国对体育概念的研究时断时续,主要有两种倾向,其一,体育就是学校体育、身体的教育;其二,竞技运动、娱乐休闲都是体育。

我国关于体育概念的理解多年来存在分歧,苏竞存先生对体育及其概念的见解具有典型意义。他用了两个概念:一是体育(physical education),二是运动(sport)。他认为,体育是根据人体适应与变化的自然规律,有意识地通过人体自身的运动来增强体质、促进身心健康,是社会的一种文化教育活动;运动(sport)是指体力游戏娱乐的身体运动,包括竞技性的和非竞技性的运动,被用来作为体育的手段,属于体育活动,而纯粹为了玩乐的游戏运动就不能说是体育活动。苏竞存先生明确指出,舞蹈、杂技运动在被用作体育手段时属于体育活动,舞蹈演员表演舞蹈、杂技演员表演杂技的同时,虽然客观上也锻炼了自己的身体,但他们运动不是为了锻炼自己的身体,而是为了表演这些运动技艺供人们欣赏。因此,这些是艺术而不是体育。

日本在1868年开始使用体操一词,它源自欧洲的 gymnastics。1876年,日本学者近藤镇三在《独逸教育论抄》中将身体教育译成体育,从此正式使用体育一词。日本在教育领域中使用的体育名词是比较明确的,但从社会上的流传使用情况看,有混淆不清的现象。

美国在体育概念方面没有统一规定,各大学及学者在使用有关名词概念时只代表本单位、本人的观点。《美国百科全书》将体育(Physical education)解释为关于人体构造、身体发展的教育,包括人体生理功能、力学原理及其有效运用的研究。《美国百科全书》对运动(sport)有明确的论述,认为其指着重于提高身体技能和力量等各项素质的消遣或娱乐过程。其范围很广,包括个人竞技运动和集体竞技运动。有组织的竞技运动通常具备一套包含不同项目特点的规则。现代业余竞技基本上倾向于竞技运动参与者的休闲,而职业竞技则是为了满足观赏者的娱乐消遣需求。

通过上述比较,可以得出如下结论:一是从世界范围看,还没有关于体育概念统一的、规范性的表述方式;二是各国对体育概念的理解,虽然各有不同,但基本上都与身体教育有关联;三是体育与运动不能等同,二者既有关联又有本质区别。

三、关于体育概念的理性认识

在汉语中,"体育"作为舶来词,虽然在我国广泛使用,但关于基本概念的相关界定仍然比较模糊。《现代汉语词典(第7版)》将体育解释为：①以发展体力、增强体质为主要任务的教育，通过参加各项运动来实现；②指体育运动。解释①首先肯定了体育隶属于教育，并明确了体育功能的实现路径，比较符合体育概念界定的逻辑法则。解释②把体育单指体育运动，存在较大局限，体育与体育运动实际上无法等同。

在汉语中，体育一词与法语 education physique 及其英语对译词 physical education 一脉相承，《新华词典》对汉字"体"的解释是人、动物的全身，对汉字"育"的解释分别为生养、养活、培育，并提及培育的3个关联词德育、智育、体育。沿着这条线路，不难发现，体育是教育属概念下的种概念。体指的就是人的身体，是育的对象；育寓意培育，重在体现育体过程。当然，身体一词在这里已远远超出了生物学的限定，根据辩证唯物主义的身心一元论，其含义应该是灵魂与肉体相互作用、相互依赖和交互影响的统一整体。因此，体育的过程，既是培育人的外在形体的过程，也是培育人的内在心理的过程。

体育隶属于教育，中外均有明确论述。卢梭在著名的《爱弥儿》中宣扬了夸美纽斯提出的自然主义体育思想，他和其他人文主义教育家一道主张把青少年的体育视为教育最基本的组成部分，强调身体健康的重要性。马克思(1818—1883)曾经提出，有可能把教育和体育同体力劳动结合起来，因而也有可能把体力劳动同教育和体育结合起来；生产劳动同教育和体育结合起来，这不仅是增进社会生产的一种方法，而且是造就全面发展的人的唯一方法。20世纪三四十年代，美国学者认为体育是以身体活动之教育。赫斯灵顿博士认为，体育就是教育，它以活动为基本而发展整个身心并适应环境。威廉姆斯在《体育组织与管理》一书中抨击了当时流行的机械呆板的形式化体操，认为这种体育体系只重视身体健康，忽视心理健康，是教育中的畸形现象。19世纪末，我国的体育思想和体育实践体系才真正开始成形，严复(1853—1921)被认为是中国西学第一人，其对引入大量西方体育思想起了重要作用。他说：教育分三宗，曰体育、曰智育、曰德育，三育并重。我国近代史上的民主革命家、教育家蔡元培(1864—1940)认为，所谓健全的人格，分为四育，即体育、智育、德育、美育。这四育是一样重要、不可放松一项的，他随后又提出完全人格、首在体育的教育主张。我国近代著名教育家张伯苓

(1876—1951)认为,德智体三育中我中国人所最缺者是体育,提倡体育不仅在于培养少数选手,而且在于培养全体学生;不仅在于技术之专长,而且在于体德之兼进;不仅在于学校,而且在于在全社会体育蔚然成风,并提出不认识体育的人不应该做学校校长。我国近代史上伟大的人民教育家陶行知(1891—1946)总是把健康放在第一的位置,提倡建立科学的健康堡垒,并把健康是生活的出发点,也就是教育的出发点作为信条。开国领袖毛泽东(1893—1976)对德智体三者之间的关系有入木三分的剖析,他在24岁就撰写出《体育之研究》(以二十八画生的笔名发表于1917年4月1日《新青年》第三卷第二号上),指出"体育一道,配德育与智育,而德智皆寄于体。无体是无德智也。""体者,载知识之车而寓道德之舍也。"1957年,毛主席又明确提出,"我们的教育方针,应该使受教育者在德育、智育、体育几方面都得到发展,成为有社会主义觉悟的、有文化的劳动者"。国际奥委会第八任主席雅克·罗格在其体育宣言中有这样的描述:参加奥运会的梦想把青年们引导到体育世界,而体育作为一个教育工具将使他们获益良多。毋庸置疑,体育的外延界定在教育的框架之内是合理的,那么体育的内涵究竟如何,需要进行理性分析。

体育的支撑点或者说落脚点是人的身体,育的所有行为不仅针对人的身体,而且通过人的身体操作完成。当然,这里所说的人的身体既包括外在形体,也包括内在心理。体育的终极目标就是要通过育的行为达成体(身体)的要求,行为是手段,要求是目的,能够体现体育内涵。体育源于劳动,体育和劳动一样具有很强的实践性。劳动通过劳动行为获取劳动成果,体育则通过身体行为实现自身需求。这里的身体行为也可称为育的行为手段,就是体育领域的身体运动;这里的自身需求也可称为体的目的要求,就是体育领域的身心健康。由此可见,以身体运动为基本手段促进身心健康就是我们所要揭示的体育概念的内涵。总之,就体育的源概念而言,可以定义为:体育是以身体运动为基本手段促进身心健康的教育。

我国关于体育概念的认识存在人云亦云现象,长期处于体育(Physical education)与运动(sport)、狭义与广义、体育与竞技、体育与健康、体育与文化以及体育与体育业态的纷扰之中。学者们在概念的表述上总希望面面俱到,但又总是不尽如人意。究其原因,一是对体育概念的内涵和外延把握不准,二是对属概念、种概念、子概念的从属关系模糊不清,三是对社会发展中的许多体育现象缺乏理性分析。鉴于此,本书沿着教育属概念、体育种概念、体育子概念的路径,对体育种概念下的体育子概念进行名称分类,为全面深入地认识和理解体育概念提供必要参考(见表1-1)。

表1-1 体育子概念名称分类表

分类依据	分类结果
按实施场所	家庭体育、学校体育、社区体育等
按全民参与	群众体育、社会体育、大众体育等
按年龄阶段	婴幼儿体育、青少年体育、中老年体育等
按职业特征	农民体育、工人体育、军人体育、知识分子体育、自由从业者体育等
按发展年代	古代体育、近代体育、现代体育、当代体育等
按实现功能	健身体育、休闲体育、竞技体育等
按活动性质	业余体育、竞技体育、商业体育等
按传统领域	学校体育、社会体育(群众体育)、竞技体育等
按延伸领域	体育经济、体育文化、体育产业、体育传媒、体育休闲、体育健身、体育教育、体育艺术等

第三节 体育发展

体育源于劳动,体育的本质属性是以身体运动为基本手段促进身心健康。以促进身心健康为目的的身体运动既可以是个体行为也可以是群体行为,总之都是体育行为。伴随体育行为的全面展开,各式各类体育现象不断涌现,体育发展势不可挡。

一、全球化背景下世界体育的新发展

20世纪后半期,是人类在各方面都取得巨大进展的时期。在劳动生产率快速提高的同时,人类的物质生活水平也急剧提高,正在改变着人类的生活方式。这既为世界体育的发展提供了条件,也为世界体育的变化注入了动力。

(一)现代生活方式的变化使人类面临全球性的健康问题

在劳动的智能化程度和生活水平不断提高的同时,人类的体力活动越来

越少。在学习和娱乐等各方面时间增加的同时,运动不足的问题日益凸显。缺少运动的生活方式是导致死亡、疾病和残疾的重要原因之一。全世界每年大约有 2000 万人的死因可归结为缺少健身活动,一项来自世界卫生组织(WHO)调查的初步结果显示,缺少运动的生活方式是世界十大致死和致残原因之一。缺少健身活动使很多疾病的死亡率增加,可使患心血管疾病、Ⅱ型糖尿病和肥胖的危险性加倍,还使患结肠癌与乳腺癌、高血压、脂质失调、骨质疏松症、抑郁症和焦虑症的危险性增加。来自世界各地的关于健康问题的调查结果显示出惊人的一致性,缺少运动或处于类似情况的成年人占人口总数的 60%~85%。

恩格斯曾经乐观地认为:社会生产不仅可能保证一切社会成员有富足的和一天比一天充裕的物质生活,而且可能保证他们的体力和智力获得充分的自由的发展和运用。但到目前为止,这种可能并没有完全成为现实。现代劳动形式的巨大变化正在影响着人类的体质和健康,贫困者的体质和健康因营养、卫生、生活条件较差受到威胁,而许多富人由于营养过剩、运动不足和不良生活习惯等,同样面临健康问题的困扰。

(二)现代生活方式的变化使人们的体育观念发生转变

社会进步改变了人们的生活方式,也改变着人们的体育观念。第二次世界大战后,各国经济相继进入稳定增长期,在生活水平不断提高的同时,劳动强度和劳动时间反而下降了。1956 年,法国、瑞士、波兰等 11 国在联合国教科文组织的赞助下对人类闲暇时间进行了大规模的调查,发现人类闲暇时间大幅度增加,这引起了国际社会对闲暇问题的广泛注意。社会的发展引起了体育的变化,人类正在重新认识体育的作用。

1965 年,联合国教科文组织国际教育局的保罗·朗格朗在成人教育国际促进委员会上正式提出了终身教育思想。1967 年,联合国教科文组织正式采纳了这个思想。1976 年,联合国教科文组织确认了终身体育的普遍价值,并于 1978 年在《国际体育运动宪章》中宣布:体育运动是整个教育体系的重要组成部分,是生涯教育中不可缺少的重要因素。终身体育引起了越来越多的国家和社会各阶层民众的重视,多数国家公布了自己的大众体育发展计划。终身体育和休闲体育思想已对世界体育产生了广泛而深刻的影响。

(三)现代生活方式的变化加快了当代体育全球化进程

第二次世界大战后人类对和平生活的追求为体育的全球化提供了契机,文化的国际融合为体育的全球化提供了机遇,经济的全球化为体育的全球化提供了条件,区域性政府间合作为体育的全球化提供了模式,奥林匹克运动的复兴为体育的全球化提供了平台,体育正在成为越来越多人的生活方式并在全球范围内展开。体育资源国际化、体育方式同一化、体育组织超国家化是当代体育全球化的主要特征。

随着奥林匹克运动的兴起和发展,多形式、多层次的国际体育合作新格局逐渐形成,大洲和区域性的体育合作、特定领域内的国际体育合作、对欠发达国家和地区的国际体育援助以及国际体育科学领域的交流与合作进入常态。随着社会的发展,在奥林匹克运动的带动下,世界运动会、世界大学生运动会、世界中学生运动会、单项世界运动会、洲际运动会等奥运会以外的其他大型国际赛事,不仅越来越多,而且规模不断扩大。当今世界,是否重视发展体育特别是大众体育,常常被作为衡量各国政府执政能力的一个重要标志,许多西方国家的政党都把体育政策列入其竞选或执政纲领。颁布体育政策法规、提高行政管理效率、制定大众体育战略、确定重点实施对象、完善公共体育设施已经成为各国发展大众体育的一般举措。

终身体育和大众体育在全球的发展与国际组织的努力密不可分。20世纪后期,国际上成立了各种政府间或非政府间的体育合作组织,展开了形式和内容多样的活动,促进了各国和各地区大众体育活动的开展。

第一,国际奥林匹克运动会(IOC)发挥了最为积极的主导作用。在国际大众体育浪潮的推动下,国际奥委会于1983年专门成立了一个名为大众体育工作组的机构(1985年改名为大众体育委员会),并将1994年在巴黎召开的主题为体育的社会环境的百年奥运纪念大会的相关决议写进《奥林匹克宪章》。除此之外,国际体育科学与体育教育理事会(ICSSPE,1958)、国际体育教育联合会(FIEP,1923)、国际儿童运动会委员会(CJIE,1968)、国际市民体育联盟(IFPS,1968)、亚洲及大洋洲地区大众体育协会(ASFAA,1991)、国际健身大众体育协会(TAFISA,1969)、国际大众体育联合会(FISPT,1982)等组织,都在各自领域推动体育发展。

第二,世界卫生组织(WHO)在大众体育政策方面发挥了十分积极的促进作用。1946年,世界卫生组织就在其章程中明确提出:健康是每一个人最基本的人权。1977年,世界卫生组织制定了"健康为大众"的政策框架,并于1978年发起了国际"健康为大众"运动。世界卫生组织先后帮助美国、加拿大、新加坡、澳大利亚、老挝、南非以及瑞士等国制定了大众体育计划,在全世界开展了健康城市2000年运动和健康促进运动。2002年世界卫生日(4月7日)的主题是运动有益健康。2003年,世界卫生组织又发起了"为您的健康动起来"行动,鼓励人们参加体育锻炼,以增强体质,抵御疾病,建议人们每天至少进行30分钟适当的体育活动。

第三,联合国教科文组织在各国政府间发挥了十分重要的协调作用。1978年11月21日,在教科文组织第20届大会上通过了《体育运动委员会章程》《体育运动国际宪章》和《发展体育运动国际基金章程》等文件,正式成立了政府间体育运动委员会,其主要任务是加强各国政府间的体育合作。政府间体育运动委员会的宗旨是:对教科文组织制定的体育活动计划和执行情况进行指导和监督,推进国际体育运动合作,帮助各国实现对体育问题的研究、收集、分析和出版体育运动的科学资料,通过举办训练班和讲座为各国培养体育骨干。

第四,当代奥林匹克运动的发展与改革为世界各国搭建了共享平台。第二次世界大战后,奥林匹克运动的迅速发展引发了一系列新的问题,但是,人类对国际公共体育空间的内在需求以及以国际奥委会主席基拉宁(Michael Morris Killanin,第六任)、萨马兰奇(Juan Antonio Samaranch,第七任)、罗格(Jacques Rogge,第八任)和巴赫(Thomas Bach,现任)为代表的改革和领导者,使奥林匹克运动迎来了新的更大的发展。从体育全球化的意义上看,1992年巴塞罗那奥运会具有强烈的象征性,南也门和北也门、东德和西德在统一国家的名义下参加奥运会,苏联解体后的各个新独立国家以独联体的名义参加奥运会;未参加上届奥运会的朝鲜、古巴、塞舌尔、埃塞俄比亚、马达加斯加、尼加拉瓜、阿尔巴尼亚7国也参加了本届奥运会;南非在时隔20年后重新出现在奥运会赛场。奥林匹克大家庭在二战以后第一次实现了大团圆。这种现象的意义在于:在20世纪后半期,体育全球化已经成为当代体育发展中的一种突出现象。人们越来越强烈地感受到体育已经不仅仅是个人的事,各种体育现象之间的联系越来越紧密,相互之间的影响也越来越深,人们的健身、观赏高水平的体育赛事乃至学校体育,无不受到体育全球化的影响。

二、当代中国体育的新发展

中华人民共和国于1949年10月1日宣告成立,回顾70余年的发展历程,当代中国体育虽然经历过挫折和失误,但始终承载着强国强民、走向世界的历史使命。21世纪头20年,中国体育取得了令人瞩目的辉煌成就,比历史上任何一个时候都更加接近中华民族的体育梦。中国特色社会主义进入新时代,探索更加适合中国国情的体育发展道路,是中国体育面临的重要任务。

(一)中国体育在全面创立基础上曲折前行(1949—1976)

新中国成立后,中国共产党和人民政府确立了新体育思想和社会主义体育方针。1949年9月29日通过的《中国人民政治协商会议共同纲领》第五章第48条明确提出"提倡国民体育"。1950年7月,党和国家领导人毛泽东为当时全国第一份体育杂志题写刊名《新体育》,标志着我国新体育思想体系的正式确定。体育为人民服务体现了新体育思想的本质,发展体育运动,增强人民体质(1952年6月10日,毛泽东为中华全国体育总会成立大会题词)明确了新体育的根本任务,普及和提高相结合是新体育的基本方针。新体育思想同时强调思想教育和体育的政治性。

为了进一步规范全国的体育管理,1949年10月26—27日,中共中央和中央人民政府委托团中央组织召开中华全国体育总会筹备委员会,经过两年多的工作,1952年6月20—24日,中华全国体育总会成立大会在北京召开,大会选举朱德元帅为名誉主席、马叙伦为主席,马叙伦为时任教育部长,表明全国体育工作由团中央负责管理转为由教育部领导。1952年11月15日,中央人民政府委员会第19次会议决定成立中央人民政府体育运动委员会,任命贺龙元帅为主任,负责领导、协调、监督全国的体育工作。1954年,中央人民政府体育运动委员会改为中华人民共和国体育运动委员会。1956年3月23日,国务院常务会议批准了国家体委的《体育组织简则》。随着国务院和各级人民政府体育行政管理体制的逐步完善，由国家行政部门系统、军队系统和社会组织系统组成的体育管理组织体系正式建立，有关体育事业的规章制度开始制定、颁布，为新中国体育事业发展奠定了坚实基础。

新体育思想体系为中国当代体育事业确立了基本的发展方向，以政府为主导的体育管理体制成效明显。新中国成立初期，党和政府采取一系列措施，加强对学校体育、社会体育、竞技体育工作的组织和领导，学校体育很快步入正常发展轨道，有效地扭转了旧社会遗留下来的国民体质普遍较弱的局面，在积极参与国际体育交流的同时初步建立了竞技体育体制。

1957—1976年，我国体育事业进入曲折发展阶段。郑凤荣于1957年11月创造了1.77米女子跳高世界纪录。仅1958年和1959年，我国就有40人26次打破举重、游泳、跳伞等18个项目的世界纪录。容国团1959年4月夺得第25届世界乒乓球锦标赛冠军。1959年，我国正式形成了"为劳动生产和国防建设服务"，以"发展体育运动，增强人民体质"为基本任务，以"普及与提高相结合"为基本方针的发展思路。1960年5月，中国登山队在人类历史上第一次从北坡登上了世界最高峰——珠穆朗玛峰。1961年4月，中国在退出国际奥委会以后，依然在北京成功举办了第26届世界乒乓球锦标赛，我国乒乓球队夺得3冠4亚佳绩，中国乒乓球运动水平从此进入了世界领先行列。1963年，我国竞技体育"举国体制"正式建立，围绕第二届全运会，出现了竞技体育的第二个高潮。1965年5月，我国乒乓球队在第28届世界乒乓球锦标赛上获得5项冠军和4项亚军，巩固了在世界乒坛的霸主地位。1971年3月，第31届世界乒乓球锦标赛在日本名古屋举行，我国乒乓健儿在与世乒赛阔别6年之后仍然取得了4枚金牌的较好成绩，并由此实现了"小球转动大球"的外交奇迹。1958年"大跃进""左倾"冒进以及1966—1976年"文化大革命"的十年浩动，给我国体育事业造成了严重影响，1971年的"乒乓外交"成为竞技体育出现转机的重要契机，加快了我国重返国际重要体育组织的进程。1976年"四人帮"的垮台及1978年十一届三中全会的召开，标志着我国体育事业重新步入健康发展轨道。

（二）中国体育在拨乱反正基础上走向世界（1977—2008）

20世纪50年代末，我国已经初步形成了一套比较完善的体育体制，体育事业也具有了一定的规模,但后来的一系列政治运动、经济困难使我国的体育发展遭受严重挫折。"文化大革命"结束后,1978年(1月22—30日)、1979年(2月12—28日)、1980年(1月7—23日)连续召开三次全国体育工作会议,我国体育进入拨乱反正和三年调整时期,1978年底召开的十一届三中全会为我国体育发展确立了方向。

20世纪80年代初期,经过拨乱反正和三年的调整,我国体育逐步确立了以青少年为重点的全民健身体育和以奥运会为最高层次的竞技体育协调发展的战略。1984年,在国家体委举行的全国体育改革与战略讨论会上,第一次明确提出了中国体育的奥运战略,即在20世纪80年代,中国体育的总体战略是以发展高水平竞技为先导,带动体育事业的全面发展。奥运战略极大地增强了我国体育的世界影响力,1980—1988年9年间,我国运动员共获得312个世界冠军;1980—1990年,我国运动员在各类比赛中创世界纪录242次。1981年4月,我国乒乓球队在第36届世界乒乓球锦标赛上囊括了7项冠军。1982年,在第9届亚运会上,我国体育健儿夺取61枚金牌,获得金牌总数第一,结束了日本称雄亚洲31年的历史。1984年,我国体育代表团在第23届洛杉矶奥运会上取得优异成绩,射击运动员许海峰实现了中国运动员奥运金牌"零"的突破,开创了中国竞技体育的新时代。1981—1986年,中国女排实现了第3届世界杯、第9届世界锦标赛、第23届奥运会、第4届世界杯、第10届世界锦标赛"五连冠",中国女排成为改革开放后我国竞技体育全面进军世界体坛的一个标志。

20世纪80年代中后期至90年代初,我国体育体制改革处于徘徊和停滞状态,1992年邓小平南方讲话和中共十四大以后,中国体育开启了探索中国特色社会主义体育发展之路。国家体委于1995年颁布《全民健身计划纲要》和《奥运争光计划纲要》成为这一时期体育改革的两项重大举措。1995年8月,全国人大常委会通过《中华人民共和国体育法》,体现了国家发展体育事业的根本意志和坚持依法治体的总体要求。1998年,国家体委改组为国家体育总局,从组织架构上实现了体育管理方式的转变,保证了体育改革的继续开展。2000年12月,国家体育总局印发《2001—2010年体育改革与发展纲要》,明确了21世纪头10年体育改革与发展方向。2002年,中共十六大提出全面建设小康社会奋斗目标,第一次将"健康素质明显提高,形成比较完善的全民健身体系"写入十六大报告。2007年5月,中共中央、国务院下发《关于加强青少年体育增强青少年体质的意见》,对青少年体育工作作出全面部署,提出"使北京奥运会成为广大青少年积极参与,推动全民健身运动上个新台阶的奥运会"。2008年,北京奥运会、残奥会取得巨大成功,中国体育健儿的金牌总数位居世界第一,奥运争光计划得到全面落实,我国体育的世界影响力进一步增强。

(三)中国体育在体育大国基础上向体育强国迈进(2008—)

2008年9月29日,胡锦涛在北京奥运会、残奥会总结表彰大会上指出,体育是社会发展和人类文明进步的重要标志,是综合国力和社会文明程度的重要体现。我们要坚持以增强人民体质、提高全民族身体素质和生活质量为目标,高度重视并充分发挥体育在促进人的全面发展、促进经济社会发展中的重要作用,实现竞技体育和群众体育协调发展,进一步推动我国由体育大国向体育强国迈进。

2009年8月,我国第一部专门针对全民健身领域的法律文件《全民健身条例》颁布,全民健身日益法治化、规范化。经国务院批准,自2009年起,每年的8月8日为我国"全民健身日"。根据体育改革的需要和体育事业发展实践,1995年8月29日出台的《中华人民共和国体育法》于2009年(8月27日发布)和2016年(11月7日发布)进行了两次修改。2013年8月31日,习近平总书记在沈阳会见全国群众体育先进单位、先进个人代表和全国体育系统先进集体、先进工作者代表时强调:要广泛开展全民健身运动,促进群众体育和竞技体育全面发展。2014年10月,《国务院关于加快发展体育产业促进体育消费的若干意见》发布,明确指出,营造重视体育、支持体育、参与体育的社会氛围,将全民健身上升为国家战略。2014年12月25日,《体育总局关于加强和改进群众体育工作的意见》印发,进一步强调,加强和改进群众体育工作是落实将全民健身上升为国家战略的必然要求,是建设体育强国的必然选择,是推动群众体育工作提档升级的迫切需要。2016年12月30日,中共中央国务院印发《"健康中国2030"规划纲要》,该纲要虽然对体育强国没有具体描述,但"健康中国2030"战略目标的最终实现则是对体育强国建设的重要支撑。2017年8月27日,在中共十九大即将召开前夕,在第十三届全国运动会即将开幕之际,习近平总书记在天津会见全国群众体育先进单位、先进个人代表和全国体育系统先进集体、先进工作者代表以及在本届全运会群众比赛项目中获奖的运动员代表时强调:体育承载着国家强盛、民族振兴的梦想,体育强则中国强,国运兴则体育兴。要把发展体育工作摆上重要日程,精心谋划,狠抓落实,不断开创我国体育事业发展新局面,加快把我国建设成为体育强国。

2017年10月18日至24日,中国共产党第十九次全国代表大会在北京召开,十九大报告描绘了决胜全面建成小康社会、夺取新时代中国特色社会主义伟大胜利的宏伟蓝图,提出"广泛开展全民健身活动,加快推进体育强国建设,筹办好北京冬奥会、冬残奥会"体育工作具体任务。中国特色社会主义进入新时代,体育强国是新时代中国特色社会主义体育的奋斗目标,国务院办公厅出台的《体育强国建设纲要》(2019年9月2日印发)进一步明确了体育强国建设的目标、任务及措施。

《体育强国建设纲要》立足战略,在3个时间节点上提出具体目标:一是到2020年,建立与全面建成小康社会相适应的体育发展新机制,体育领域创新发展取得新成果,全民族身体素质和健康水平持续提高,公共体育服务体系初步建立,竞技体育综合实力进一步增强,体育产业在实现高质量发展上取得新进展。二是到2035年,形成政府主导有力、社会规范有序、市场充满活力、人民积极参与、社会组织健康发展、公共服务完善、与基本实现现代化相适应的体育发展新格局,体育治理体系和治理能力实现现代化。全民健身更亲民、更便利、更普及,经常参加体育锻炼人数比例在45%以上,人均体育场地面积达到2.5平方米,城乡居民达到《国民体质测定标准》合格以上的人数比例超过92%;青少年体育服务体系更加健全,身体素质显著提升,健康状况明显改善;竞技体育更好、更快、更高、更强,夏季项目与冬季项目、男子项目与女子项目、职业体育与专业体育、三大球与基础大项等实现均衡发展,综合实力和国际影响力大幅提升;体育产业更大、更活、更优,成为国民经济支柱性产业;体育文化感召力、影响力、凝聚力不断提高,中华体育精神传承发扬;体育对外交往和对港澳台地区交往更活跃、更全面、更协调,成为中国特色大国外交和"一国两制"事业的重要方面。三是到2050年,全面建成社会主义现代化体育强国。人民身体素质和健康水平、体育综合实力和国际影响力居于世界前列,体育成为中华民族伟大复兴的标志性事业。作为第一个时间节点,2020年的具体目标已经实现。

第二章 我国学校体育

1903年颁布的《奏定学堂章程》结束了我国两千多年来学校教育中基本没有体育的历史,1923年公布的《新学制课程标准》正式将学校"体操科"改为"体育课",五四新文化运动宣告了几千年来中国思想史中几乎无学校体育思想时代的结束。本章分别从古代、近代和新中国成立3个阶段概述我国学校体育的历史变迁,指出我国学校体育指导思想经历启蒙与觉醒、移植与借鉴、形成与发展3个演进过程,解读新中国成立以来我国学校体育领域诸多规范性文件,总结出我国学校体育现实存在的3个明显特征,为新时代我国高校体育俱乐部制的继承创新与持续发展提供理论支撑。

第一节 历史沿革

学校体育是国民体育的基础,是学校教育的重要组成部分。我国学校体育经历了由古代到近现代的形成与发展过程,1949年10月,新中国的成立揭开了中国历史崭新的一页,我国学校体育从此进入了一个全新的发展阶段。

一、古代学校体育

我国具有几千年的文化教育历史,古代学校在奴隶社会就开始出现,据史料记载,夏代已有校、序、庠等名称不同的学校。商代又出现了大学和庠两极施教的学校教育。西周时,学校又有发展,分为国学和乡学两种,但都为奴隶主贵族子弟设立,成为培养统治者和官吏的地方,所以有学在官府之说。奴隶主贵族子弟学校的教育内容,是被称为"六艺"的礼、乐、射、御、书、数。其中,射、御是军事技能的训练,具有体育的性质。此外,乐中的舞蹈,也含有体育的意义。

西周以后,东周和春秋战国时期,我国社会由奴隶制向封建制转变,原来的学在官府变为学在四夷,兴起私人讲学、办学之风。但是,从西汉到清朝末年长达两千余年的封建社会时期,一般学校的教育内容以儒家的"五经""四书"为主,偏重德育、智育,教育思想是重文轻武。唐代实行文举、武举分开的科举制度,宋朝开始兴办武学,文武教育于是截然分途。这一时期的武举制度主要在于选拔和训练军事人才,与学校体育关系不大。明、清用"八股文"科举取士的方法,学校教育更只是埋头读书、背书、写字、做八股文章。直到清朝末年,学习日本和欧美各国,开办近代新式学校,这些学校中才开始有了体操(相当于体育)的教学内容,社会上也才开始有了西方式的体育活动。

纵观我国古代学校体育,虽然起步较早,但步履蹒跚。学校体育始终未能在学校教育中取得应有地位,甚至基本被排除于学校教育之外,最终导致学校体育在我国古代没有得到应有的发展。

二、近代学校体育

1840年鸦片战争以后,清统治阶级中的有识之士开始推行洋务运动。在教育方面,他们主张学习西方,兴办西学。随着"兴洋务""办西学"的推行,以瑞典式、德国式、日本式普通体操以及兵式体操和游戏为主要内容的近代体育传入洋务学堂,并在学校开展了以西方近代体育为主的各种课外体育活动,从而使中国近代学校教育首次出现了体育课程和体育活动。虽然洋务派当时兴办的西式学堂极少,但对西方近代体育在我国的传播起到了不可忽视的作用。

1894年甲午战争后,洋务运动宣告失败,继起的是改良主义的维新运动。虽然维新运动仅历时103天即宣告失败,但以康有为、梁启超、严复为代表的百日维新派积极提倡西学,大量介绍西方资产阶级的科学文化教育等方面的知识,首次提出了必须德智体三育并重的学校教育思想。认为各级各类学校都应重视体育、卫生和儿童少年身体的发育与健康,强调体育在学校教育中的地位和作用。"百日维新"是我国近代史上一次重要的政治变革与思想启蒙,对我国学校体育的发展产生了深远而巨大的影响。

1903年,没落的清政府为了维护摇摇欲坠的清廷封建专制统治,在推行新政的过程中颁布了《奏定学堂章程》。该章程规定各级各类学堂都应设立体育科,小学堂每周3学时,中学堂每周2学时,高等学堂每周3学时。这一新学制的施行,使近代学校体育得到普遍实施,从而结束了我国两千多年来学校教育中基本没有体育的历史。然而,由于在新学制上效仿日本,我国近代学校体育受到日本军国民教育思想的影响,学校体育课的内容基本上是以千篇一律的兵式体操为主,不仅呆板枯燥,而且不符合青少年儿童的身心特点。加之,当时许多学堂的体操教员都由退役士兵充当,他们普遍缺乏体育专业知识和技能并且教风很差,因而在一定程度上影响了学校体育尤其是体育课的实际效果。

1911年辛亥革命后,新成立的民国政府虽然对学校教育也采取了一些革新措施,但体育方面总体上仍沿袭清末以兵操为主的体育课。另外,受教会学校和基督教青年会的影响,许多学校则在课外开展以球类和田径为主的活动和竞赛。课内和课外两种明显不同的体系,形成了学校体育的双轨现象,直至1922年《壬戌学制》出台,这种现象才逐渐消除。

1919年五四新文化运动,是一场伟大的反对封建文化的运动。五四时期,教育思想空前活跃,用先进、科学的观点论述体育的思想也陆续出现。其中,最杰出、最具代表性的论述体育的理论文献乃一代伟人毛泽东的传世佳作《体育之研究》一文,该文用辩证唯物主义的观点,对我国体育及学校体育的现状作了深刻的分析和尖锐的批评,并对体育的意义、锻炼的原则等诸多问题作了精辟的论述,强调了学校体育必须德、智、体三育并重,这对促进我国学校体育改革与发展有着十分积极的意义。除此之外,恽代英的《学校体育之研究》也极具代表性。

1922年,《壬戌学制》出台。《壬戌学制》是受实用主义教育思想影响,参照美国"六三三制"的形式并结合我国当时的实际制定的,它是新文化运动以来我国教育改革的新成果。1923年,《新学制课程标准》公布,正式将学校体操科改为体育课,废除了原来的兵士体操,教学内容改为以球类、田径、游泳、普通体操等近代体育项目为主,并增加了生理卫生和保健知识。这是我国学校体育史上的一个新的里程碑。这一时期,我国学校体育有两大重要特征。一是体育教学规律和方法的探索及研究受到体育教师的重视。三段教学法、单元教学法、分类教学法是当时较为流行的教学方法,虽然只是部分教师的初步尝试并且有不少缺点,但毕竟为学校体育的改革注入了新的活力。二是课外活动和体育师资有了很大发展。课外体育活动及校内外运动竞赛比过去更加活跃,同时女子体育也有了很大进步。在体育师资的培养方面,当时最为典型的是南京高等师范学校体育科和北京高等师范学校体育科比过去有了很大改进,从而使我国对体育师资的培养走上正轨。

1927年,蒋介石背叛革命建立南京国民政府,同时,先进的中国共产党领导工农大众开展武装斗争,创立农村革命根据地,中国出现了两种政权、两个区域,学校体育的发展也处在错综复杂的环境中,发展很不平衡。1940年3月,国民党统治区公布了《各级学校体育实施方案》,这是我国近代史上第一个比较全面的学校体育实施方案。与此同时,南京国民政府教育部还聘请国内外体育专家,编写了各种体育教材和教学参考书,培养了大批体育师资力量,这对我国近代学校体育的发展起到了积极作用。然而,由于国统区学校体育没有贯彻和实施所制定的一些体育法令和措施,学校体育经费严重缺乏,运动场地、器材设备极其简陋,体育课被视为"小四门"可有可无,课内得不到保障,课外仅仅重视训练少数选手,致使学校体育发展缓慢甚至畸形发展。与此同时,中国共产党领导下的革命根据地十分重视学校体育的发展,各级各类学校都开设体育课和课外体育活动,活动内容丰富多彩,并经常举办各种类型的运动竞赛和运动会。在物质条件十分困难的情况下,广大师生想方设法,因陋就简,土法自制,缓解了场地器材不足的问题,根据地的体育活动呈现出一派欣欣向荣的繁荣景象。1941年创建的延安大学体育系,培养了一批体育干部和师资力量,使革命根据地的学校体育有了很大发展,也为新中国体育的发展奠定了基础。

三、新中国学校体育

(一)初创阶段(1949—1957)

中华人民共和国成立之始,党和政府就非常重视学校体育工作,十分关心青少年学生的身体健康。1950年和1951年,毛泽东先后两次致信时任教育部长马叙伦,作出"健康第一,学习第二"的指示。1951年7月,中华全国学生第15届代表大会的决议中也提出"要积极开展学校中的体育和文化娱乐活动,努力改进全国同学的健康状况,要使每一个同学都具有强健的体魄,能够胜任紧张的学习和繁重的工作"。特别是1951年8月,中央人民政府政务院发出了《关于改善各级学校学生健康状况的决定》。1953年,毛泽东又将"身体好"作为三好学生"三好"的第一条,更加强调增进学生健康的重要性,对纠正轻视学校体育、忽视学生健康的状况起到重要作用。

为了加强对学校体育的领导,1952年,教育部开始设置体育处,国家体委也设有群众体育司学校体育处,各省、自治区、直辖市教育行政部门也于1953年相继设立相应部门,学校体育工作领导管理体制初步确立。1952年,教育部和国家体委联合颁布《学校体育工作暂行规定》,明确提出我国学校体育工作的基本目标是促进学生身心健康,增强体质,并对学生进行道德品质教育,使他们能够很好地完成学习任务,将来从事社会主义建设和保卫祖国。为了达到这一目标,教育部在同年颁布的《各级各类学校教育计划》中正式规定:小学一年级至大学二年级,均开设体育必修课,每周2学时。1953年,教育部组织翻译了《苏联十年制体育教学大纲》并向全国推广,结合苏联体育教学大纲的学习,全国有不少省市编写了适合本地区情况的教学大纲、教材或参考书。在总结各地自编经验的基础上,以苏联十年制体育教学大纲为蓝本,教育部于1956年制定了我国第一部中小学体育教学大纲,并于1957年出版了中小学体育教学参考书,从而使体育教学工作有了统一的规范要求。

为了推动我国群众体育,特别是青少年儿童积极参加体育锻炼,国家体委于1954年在参照苏联模式并结合我国国情的基础上,制定并公布了《准备劳动与卫国体育制度》(以下简称《劳卫制》),要求初中毕业生达到《劳卫制》少年级标准,高中毕业生达到《劳卫制》一级标准。《劳卫制》的实施对我国学校体育的开展起到了重要的推动作用。《劳卫制》推行的重点对象是学校,针对新中国成立之初体育教师数量不足、质量不高的问题,党和人民政府采取了一系列措施,于1952年创办了中国历史上第一所体育学院——华东体育学院(1956年改名为上海体育学院)。此后,全国先后在北京、中南、西南、东北、西北等地办起了6所体育学院,创办了11所体育学校和中等体育专科学校,并在18所高等师范院校设立了体育系科,同时加大了在职教师的业务进修力度,从而缓解了体育教师数量严重不足的问题,提高了师资的质量。总之,学校体育在新中国成立后的短短几年间得到了迅速发展。

(二)曲折前行阶段(1958—1976)

1958年的"大跃进"使我国教育系统受到"极左"思潮的干扰,学校正常的教学秩序被打乱。在学校体育工作中,存在以劳动代替体育、盲目追求指标、脱离实际等错误做法,违背了学校教育和学校体育规律。加上1959—1961年的"三年自然灾害",学校体育课和课外体育活动被迫减少或停止,学生体质普遍下降。为了克服国民经济的严重困难,1960年9月,党中央提出"调整、巩固、充实、提高"八字方针,学校教育和学校体育在八字方针的指引下,通过及时总结正反两方面经验又重新步入正轨,学校体育各项工作均有新的发展。

1961年,人民教育出版社组织人员编辑出版了中小学体育教材,第一次明确提出了学校体育应从增强学生体质出发的指导思想。1963年,教育部在北京召开了各省、自治区、直辖市教育厅(局)体育干部座谈会,重点讨论试用中小学体育教材、如何提高教学质量、如何积极开展各项运动和运动竞赛以及如何提高在职教师的业务水平等一系列问题。随着国民经济的全面好转,我国政府有关部门针对当时的实际情况提出学校体育要面向广大学生的要求。首先上好每周两节体育课,同时坚持做好早操和课间操,安排好每周两次课外体育活动;其次在广泛开展群众性体育活动的基础上,适当组织学生开展运动竞赛,鼓励有条件的学校试行《青少年体育锻炼标准》。伴随体育课质量的提高、课外体育活动的广泛开展、运动队训练的恢复以及运动竞赛的正常进行,学生的体质有所增强。

1966年发生的"文化大革命"使学校教育蒙受巨大损失,学校体育也遭到极大破坏。新中国成立17年来学校体育所取得的成绩被否定,教学工作全面混乱,管理失控。由于受"极左"思想的影响,体育课普遍被军训和劳动代替,教师队伍受到冲击和摧残,场地器材受到严重破坏,直至1971年,学校体育才开始出现转机。1972年,全国召开了业余体校工作会议,部分学校开始了业余训练。1973年,全国中学生运动会的召开对学校体育逐步走上正轨起到了推动作用。然而,正当学校体育出现好转态势时,1974年的"批林批孔"又使刚刚复苏的学校体育再次受到冲击。因此,从总体情况看,在"十年动乱"期间,我国学校体育基本处于混乱和停滞状态。

(三)新的发展阶段(1977—)

1976年10月,中共中央一举粉碎"四人帮",长达10年之久的"文化大革命"终于结束。1977年,教育部设立体卫司,国家体委恢复了学校体育处,各级教育行政部门也相应设立体育卫生管理机构,并设有专门研究体育教学的体育教研室。1978年12月,中国共产党召开了第十一届三中全会,我国学校体育教育工作进入了一个蓬勃发展的新阶段。

1979年5月15—22日,教育部、国家体委、共青团中央联合在江苏扬州召开了全国学校体育、卫生工作经验交流会(通称扬州会议)。扬州会议进一步明确了学校体育的重要地位,进一步加强了学校体育卫生工作的组织领导与队伍建设,进一步完善了学校体育卫生工作的相关制度。同年10月,教育部和国家体委联合下发了《高等学校体育工作暂行规定》(试行草案)和《中小学体育工作暂行规定》(试行草案),对学校体育工作的基本任务、内容和学校体育工作成绩评定以及体育课教学、课外体育活动、体育场地器材、体育教师、组织领导、教学与科研等分别作了规定。在经过近10年施行的基础上,1990年3月12日,经国务院批准,国家教委颁布了《学校体育工作条例》(以下简称《条例》),并同时废止了上述两个暂行规定(试行草案)。《条例》分为总则、体育教学、课外体育活动、课余体育训练与竞赛、体育教师、场地器材设备和经费、组织机构和管理、奖励与处罚、附则共9章31条,进一步明确学校体育的基本任务是"增进学生身心健康、增强学生体质;使学生掌握体育基本知识,培养学生体育运动能力和习惯;提高学生运动技术水平,为国家培养体育后备人才;对学生进行品德教育,增强组织纪律性,培养学生的勇敢、顽强、进取精神"。《条例》的颁布实施,标志着我国学校体育工作进一步走向法治轨道。

为了保证国家教育方针的全面贯彻及《条例》的有效实施,引导和督促学生上好体育课,积极参加体育锻炼,国家教委于1987年9月21日印发《中学生体育合格标准的试行办法》(教体字〔1987〕016号),该办法的有关规定引起了社会各界的普遍关注。1990年10月11日,国家教委印发《大学生体育合格标准》和《大学生体育合格标准实施办法》(教体〔1990〕015号)。1991年5月16日,国家教委在原有《中学生体育合格标准的试行办法》的基础上印发《中学生体育合格标准实施办法》(教体〔1990〕6号)。1992年2月24日,《小学生体育合格标准实施办法》也正式印发(教体〔1990〕5号)。1999年6月13日,《中共中央国务院关于深化教育改革全面推进素质教育的决定》颁布(中发〔1990〕9号),以全面实施素质教育为核心,启动了新一轮体育课程改革。

2001年6月8日,教育部印发了《基础教育课程改革纲要(试行)》(教基〔2001〕17号),同时发布小学和中学各学科课程标准。《体育(1～6年级)·体育与健康(7～12年级)课程标准(实验稿)》于2001年9月开始在全国范围内进行实验。2002年7月4日,教育部、国家体育总局联合印发《学生体质健康标准(试行方案)》及《〈学生体质健康标准(试行方案)〉实施办法》(教体艺〔2002〕12号)。2007年4月4日,教育部和国家体育总局在认真总结2002年《学生体质健康标准》试行工作的基础上,联合印发《国家学生体质健康标准》及《国家学生体质健康标准实施办法》(教体艺〔2007〕8号)。2014年7月7日,教育部在2007年《国家学生体质健康标准》的基础上又印发了《国家学生体质健康标准(2014年修订)》(教体艺〔2014〕5号)。进入21世纪,我国学校体育在强化健康第一指导思想的同时,坚持了基于素质教育的体育课程改革方向,也的确取得了一定的成绩,但学校体育工作仍然是整个教育事业相对薄弱的环节,学生的体质健康水平仍然是学生素质明显的短板。为此,党和政府出台了一系列改进意见,旨在规范和促进学校体育工作发展。

2007年5月7日,中共中央国务院印发《关于加强青少年体育增强青少年体质的意见》(中发〔2007〕7号,学校体育界简称为"中央7号文件")。中央7号文件的总体要求是:认真落实健康第一的指导思想,把增强学生体质作为学校教育的基本目标之一,建立健全学校体育工作机制,充分保证学校体育课和学生体育活动,广泛开展群众性青少年体育活动和竞赛,加强体育卫生设施和师资队伍建设,全面完善学校、社区、家庭相结合的青少年体育网络,培养青少年良好的体育锻炼习惯和健康的生活方式,形成青少年热爱体育、崇尚运动、健康向上的良好风气和全社会珍视健康、重视体育的浓厚氛围。通过5年左右的时间,我国青少年体质健康普遍达到国家的基本要求,耐力、力量、速度等体能素质明显提高,营养不良、肥胖和近视的发生率明显下降。通过全党全社会的共同努力,坚持不懈地推动青少年体育运动的发展,不断提高青少年乃至全民族的健康素质。中央7号文件在具体措施方面提出:要全面实施《国家学生体质健康标准》,把健康素质作为评价学生全面健康发展的重要指标。广泛开展全国亿万学生阳光体育运动,切实减轻学生过重的课业负担,确保学生每天锻炼一小时;举办多层次多形式的学生体育运动会,积极开展竞技性和群众性体育活动;帮助青少年掌握科学用眼知识和方法,降低青少年近视率;确保青少年休息睡眠时间,加强对卫生、保健、营养等方面的指导和保障;加强学校体育设施建设,加强体育安全管理,指导青少年科学锻炼。中央 7 号文件在保障措施方面提出:各级党委和政府要把加强青少年体育工作摆上重要议事日程,纳入经济社会发展规划;各级政府和教育部门要加强对学校体育的督导检查,制定国家学校体育卫生条件基本标准,加大执法监督力度;充分发挥共青团、少先队、妇联组织的优势和特色,开展多种形式的课外体育锻炼活动。

中央 7 号文件是改革开放以来发展我国青少年体育事业的纲领性文献,为我国新时期学校体育发展指明了方向。国务院办公厅、教育部及相关部门在深入贯彻落实方面相继出台了一系列意见、办法、规定、标准等,在加强青少年体育、增强青少年体质方面发挥了十分积极的推动作用。

为保障中小学校体育、卫生工作的正常开展,保证广大中小学生健康成长,教育部、卫生部、财政部在调查研究、多方论证的基础上,于 2008 年 6 月 9 日联合印发了《国家学校体育卫生条件施行基本标准》(教体艺〔2008〕5 号),对中小学校体育教师、体育场地器材、教学卫生、生活设施、卫生保健室配备以及学生健康体检等方面提出基本要求,强调该标准是教育检查、督导和评估的重要内容。

为了保证中小学生每天一小时校园体育活动得到有效落实,2011 年 7 月 8 日,教育部印发《切实保证中小学生每天一小时校园体育活动的规定》(教体艺〔2011〕2 号,以下简称《规定》)。《规定》指出:保证中小学生每天一小时校园体育活动是国家对学校教育的基本要求,是促进学生健康成长、切实提高学生体质健康水平的基本保证,也是学生接受良好教育的基本权利。《规定》从组织实施、工作机制、专项督导、社会监督、科学评价、表彰奖励和问责等 6 个方面作出明确要求。

为推动学校体育发展,促进学生健康成长,2012 年 10 月 22 日,国务院办公厅转发教育部、发改委、财政部、体育总局《关于进一步加强学校体育工作的若干意见》(国办发〔2012〕53 号,简称学校体育工作 17 条),从充分认识加强学校体育的重要性、明确加强学校体育的总体思路和主要目标、落实加强学校体育的重点任务、建立健全学校体育的监测评价机制、加强对学校体育的组织领导等 5 个方面提出了加强学校体育工作的 17 条具体意见。

2014 年 4 月 21 日,教育部印发《学生体质健康监测评价办法》《中小学校体育工作评估办法》《学校体育工作年度报告办法》(教体艺〔2014〕3 号)等 3 个文件,要求各地,一要将学生体质健康监测评价纳入教育现代化指标体系,二要将学校体育工作评估作为检测教育发展和考核学校工作的重要途径纳入教育督导检查计划,三要将撰写学校体育工作报告纳入年度工作计划。3 个文件的出台为全国各地结合本地区实际开展学校体育工作提供了依据,自 2014 年全面实施以来,有力地促进了我国学校体育的科学发展。

鉴于学校体育和学生的体质健康水平尚未得到根本性好转的基本现实,2016 年 5 月 6 日,国务院办公厅印发了《关于强化学校体育促进学生身心健康全面发展的意见》(国办发〔2016〕27 号)。意见指出:强化学校体育是实施素质教育、促进学生全面发展的重要途径,对于促进教育现代化、建设健康中国和人力资源强国,实现中华民族伟大复兴的中国梦具有重要意义。提出坚持课堂教学与课外活动相衔接、坚持培养兴趣与提高技能相促进、坚持群体活动与运动竞赛相协调、坚持全面推进与分类指导相结合等 4 个坚持的基本原则,同时在工作目标和具体措施上作出了相应要求。

教育是国之大计、党之大计,建设教育强国是中华民族伟大复兴的基础工程。2018 年 9 月 10 日,习近平总书记在全国教育大会上发表重要讲话,从党和国家事业发展全局的战略高度,系统总结了我国教育事业发展的成就与经验,深刻分析了教育工作面临的新形势新任务,对加快推进教育现代化、建设教育强国、办好人民满意的教育作出了全面部署。2020 年 4 月 27 日,习近平总书记主持召开中央全面深化改革委员会第十三次会议,审议通过《关于深化体教融合促进青少年健康发展的意见》。会议指出,深化体教融合促进青少年健康发展,要树立健康第一的教育理念,推动青少年文化学习和体育锻炼协调发展,加强学校体育工作,完善青少年体育赛事体系,帮助学生在体育锻炼中享受乐趣、增强体质、健全人格、锤炼意志,培养德智体美劳全面发展的社会主义建设者和接班人。健康第一、全面发展是中央深改委传递的强烈信号,也是习近平总书记对青少年工作的一贯要求。

2020 年 9 月 21 日,国家体育总局、教育部联合印发经中央深改委审议通过的《关于深化体教融合促进青少年健康发展的意见》(以下简称《意见》),

并于次日联合召开新闻发布会,相关人士对有关内容作出详细解读。《意见》提出了8个方面37项政策措施,加强学校体育工作作为《意见》的第一个方面并作出了8项具体要求:①树立健康第一的教育理念,面向全体学生,开齐开足体育课,帮助学生在体育锻炼中享受乐趣、增强体质、健全人格、锤炼意志,实现文明其精神、野蛮其体魄目标。②开展丰富多彩的课余训练、竞赛活动,扩大校内、校际体育比赛覆盖面和参与度,组织冬夏令营等选拔性竞赛活动。通过政府购买服务等形式支持社会力量进入学校,丰富学校体育活动,加强青少年学生军训。③大中小学校在广泛开展校内竞赛活动基础上建设学校代表队,参加区域内乃至全国联赛。对开展情况优异的学校,教育部门会同体育部门在教师、教练员培训等方面予以适当激励。鼓励建设高水平运动队的高校全面建立足球、篮球、排球等集体球类项目队伍,鼓励中学建立足球、篮球、排球学校代表队。④支持大中小学校成立青少年体育俱乐部,制定体育教师在课外辅导和组织竞赛活动中的课时和工作量计算等补贴政策。⑤健全学校体育相关法律体系,修订《学校体育工作条例》。教育部、体育总局共同制定学校体育标准。教育部门要会同体育、卫生健康部门加强对学校体育教学、课余训练、竞赛、学生体质健康监测的评估、指导和监督。⑥将体育科目纳入初、高中学业水平考试范围,纳入中考计分科目,科学确定并逐步提高分值,启动体育素养在高校招生中的使用研究。⑦加快体育高等院校建设,丰富完善体育教育体系建设。加强体育基础理论研究,发挥其在项目开展、科研训练、人才培养等方面的智库作用。体育高等院校、有体育单独招生的普通高等学校加大培养高水平教练员、裁判员力度。建设体育职业学院,加强相关专业建设,遴选建设有关职业技能等级证书,培养中小学校青训教练员。⑧在体育高等院校建立足球、篮球、排球学院,探索在专科、本科层次设置独立的足球、篮球、排球学院。《意见》同时在完善青少年体育赛事体系、加强体育传统特色学校和高校高水平运动队建设、深化体校改革、规范社会体育组织、大力培养体育教师和教练员队伍、强化政策保障、加强组织实施等7个方面明确了相应措施。总之,学校体育工作就是要通过体育课、体育锻炼和体育竞赛,帮助学生实现享受乐趣、增强体质、健全人格、锤炼意志的目标。

党中央、国务院历来高度重视青少年的健康发展,为贯彻落实习近平总书记关于教育、体育的重要论述和全国教育大会精神,构建德智体美劳全面培养的教育体系,实现德智体美劳五育并举目标任务,2020年10月15日,中共中央办公厅、国务院办公厅印发了《关于全面加强和改进新时代学校体育工作的意见》(同时印发了《关于全面加强和改进新时代学校美育工作的意见》),并发出通知,要求各地区各部门结合实际认真贯彻落实。该意见从总体要求、不断深化教学改革、全面改善办学条件、积极完善评价机制、切实加强组织保障等5个方面提出17项具体要求(也可理解为新17条)。其指导思想是:以习近平新时代中国特色社会主义思想为指导,全面贯彻党的教育方针,坚持社会主义办学方向,以立德树人为根本,以社会主义核心价值观为引领,以服务学生全面发展、增强综合素质为目标,坚持健康第一的教育理念,推动青少年文化学习和体育锻炼协调发展,帮助学生在体育锻炼中享受乐趣、增强体质、健全人格、锤炼意志,培养德智体美劳全面发展的社会主义建设者和接班人。其工作原则是:改革创新,面向未来;补齐短板,特色发展;凝心聚力,协同育人。其主要目标是:到2022年,配齐配强体育教师,开齐开足体育课,办学条件全面改善,学校体育工作制度机制更加健全,教学、训练、竞赛体系普遍建立,教育教学质量全面提高,育人成效显著增强,学生身体素质和综合素养明显提升。到2035年,多样化、现代化、高质量的学校体育体系基本形成。新的17条对全面加强和改进新时代学校体育工作进行了全面部署和系统设计,是新时代我国学校体育工作的行动指南。

第二节　指导思想

学校体育指导思想是指人们在一定社会和时代的学校体育实践活动中,直接或间接形成的对学校体育的认识或看法,是指导学校体育实践的理论依据。我国学校体育指导思想历经了近现代不同历史时期的演进与变迁,一直是我国学校体育基础理论研究的一个重点。

一、启蒙与觉醒

我国学校体育的指导思想启蒙于清朝末年的资产阶级改良主义运动。清朝末年,国内民不聊生,国外列强欺辱,以梁启超、康有为、严复、谭嗣同等为代表的一批有识之士欲通过改良的办法，谋求中国富强自立。他们努力寻求救亡图存道路，在教育上主张废八股、兴西学，提出"德教、体教、智教"三教一体的全面教育观点，认为体育是教育中不可缺少之物。"戊戌四君子"之首康有为在其《大同书》中，还根据少年儿童的身心特点，提出了各年龄段身体发展的要求：对婴儿，要注意"嬉戏安息如何而合儿神，务令得宜以壮儿体"；对小学生，"专以养体为主，而开智次之。令功课稍少而游嬉较多，以动荡其血气，发扬其身体"；对中学生，由于"身体尚弱"，故仍需"养体"；对大学生，仍应"亦重体操，以行血气而强筋骸"。严复在其名著《原强》中指出，一国富强之效，以民之体强为基础，提出练体力是教人的三纲之一。他还根据西方进化论及自然科学观点，主张"培先天，养后天，运动强身"。维新派从德、智、体全面发展上宣传体育，为我国学校体育的后期实施奠定了思想基础。

五四新文化运动是继"改良主义运动"后对我国封建传统思想与文化冲击最大的一次新文化运动。以陈独秀、李大钊、毛泽东、恽代英、徐一冰等为代表的新文化战士高举反帝反封建以及民主、科学的旗帜，宣传马列主义进步思想和文化。毛泽东、陈独秀、恽代英等人运用近代科学的观点研究和提倡体育，特别是对学校体育的一些基本问题进行深入的研究，对我国学校体育的发展产生了广泛而深远的影响。陈独秀认为中国封建旧教育最大的缺点在于偏重学生脑部的教育，而忽视学生身体的锻炼。他把健全体魄作为青年爱国的条件之一，主张全身的教育，特别强调以体操发展全身的力量，使学生都能成为意志顽强、体魄强健的新青年。毛泽东在其《体育之研究》的著名论文中，深刻阐述了体育的概念、地位、目的、作用以及德、智、体的关系，并对体育锻炼的原则、方法等问题作出系统论述。毛泽东认为"体育者，人类自养其生之道，使身体平均发达，而有规则次序之可言者也"。也就是说，体育是人类用来保养自己身体，使身体协调健康发展的有规律有节奏的运动。结合当时的社会背景，毛泽东提出了"体育于吾人实占第一之位置"的观点。在毛泽东发表《体育之研究》的同年，恽代英也发表了著名论文《学校体育之研究》。该文以近代科学知识论述学校体育的问题，提出学校体育应是保学生之健康的教育。恽代英认为："吾国学校之体育，断不可不研究改良。"并提出要"改片断的体育，为有系统的体育；改偏枯的体育，为圆满的体育；改骤进的体育，为渐进的体育；改枯燥的体育，为有兴趣的体育"。

从资产阶级改良主义运动到五四新文化运动,在一批仁人志士进步思想的引领下,我国对学校体育在教育中的重要性的认识不断得到加深。资产阶级改良主义运动为我国近代以来学校体育的发展从思想上起到了重要的启蒙作用,五四新文化运动唤起了国人的进一步觉醒,从此宣告了几千年来中国思想史中几乎无学校体育思想时代的结束。

二、移植与借鉴

我国学校体育思想受外来影响较大,伴随不同学校体育思想的相继传入,呈现出明显的时代特征。其中,军国民学校体育思想、自然主义学校体育思想以及苏联社会主义学校体育思想对我国学校体育思想的形成与发展起到了重要的借鉴作用。

(一)军国民学校体育思想

军国民学校体育思想脱胎于军国民教育思想。军国民教育思想源于德国,于20世纪初经日本传入我国,是军国主义思想在教育上的体现,即对学生施行军事训练与教育,灌输民族沙文主义思想,使之充当统治者的侵略工具。军国民教育思想于1902年在我国正式提出,以奋翮生(蔡锷的笔名)在《新民丛报》上发表的《军国民篇》和蒋百里发表的《军国民之教育》二文为标志。1904年1月13日,清政府公布《奏定学堂章程》(是年为旧历癸卯年,故又称《癸卯学制》),仿照日本建立新教育制度,在学校教育中开设体操课,实施普通体操和兵士体操,这是我国军国民体育思想的早期实践。由于军国民体育反映了统治者的政治目的,也符合资产阶级革命派尚武图存的愿望,所以为当时中国各阶级所普遍接受。

辛亥革命推翻了清王朝的封建统治,结束了中国两千多年的封建君主专制制度。1912年1月1日,中华民国正式成立,首任教育总长蔡元培把体育作为学校教育不可缺少的一个方面,认为它具有增强体质、培养意志和美育的作用,指出:"当民国成立之始,而教育家欲尽此任务,不外乎五种主义。即军国民教育、实利主义、公民道德、世界观、美育是也。""兵士体操,军国民主义也;普通体操,则兼美育与军国民主义二者。"1914年,第一次世界大战爆发,次年(1915年1月18日,日本驻华公使日置益晋见袁世凯,递交了二十一条要求的文件),日本向袁世凯提出企图灭亡中国的二十一条,激发了社会各界强烈的爱国主义精神,社会各界纷纷提出要加强军事训练和体育教育,实行全民皆兵。在这个时期,军国民体育思想达到高潮。

军国民体育思想是近代以来最早引入我国的国外体育思想,以强烈的爱国激情为立论基础,重视身体训练和培养军人精神。然而,由于其依附于教育思想而存在,所以缺乏独立的理论体系。军国民体育思想的兴起,虽然受到日本、德国军国主义的影响,但在中国则被赋予了爱国保家、捍卫主权的进步内容,反映了中国人民振奋民族精神、自强于世界之林的强烈愿望,初步表达了我国学校体育与世界接轨的意愿,在一定程度上唤醒了国民的学校体育意识。军国民体育思想深深植根于国家危难的现实土壤中,具有很强的感召力,一经提出就被社会包括统治阶级所接受,对学校体育地位的确立及学校体育体制的形成起到关键作用。

(二)自然主义学校体育思想

五四新文化运动时期,随着民主与科学思潮的广泛传播,人们逐渐认识到军国民体育的机械、呆板及其作为帝国主义侵略工具的性质,由此产生了对它的猛烈抨击。1919年10月10日,全国教育会联合会第五次年会在山西太原召开,曾倡导军国民体育的蔡元培在本次会议上明确提出了否定意见。与此同时,在五四前后由基督教青年会传入的自然体育思想(自然主义体育思想的代表人物是美国教育家、体育家威廉姆斯),通过留美归国者培养学生和著书立说,得到广泛的传播,并逐渐取代军国民学校体育思想,成为之后一段时期我国学校体育的主导思想。

自然主义学校体育思想的基本观点包括以下五点。第一,体育教育的目的在于培养学生成为适应社会生活的人才,而健身作用只是体育教育中自然得到的副产品。第二,体育即生活,体育应使儿童现实生活丰富、愉快、满足;体育教育过程应符合儿童本能,应有利于儿童个性自由发展,应从儿童的情趣出发采用贴近生活和贴近天然的运动。第三,儿童倾向于自然生活活动,而体操则是非自然的、违反人的本性的、形式化的活动,没有真正的教育价值;应提倡顺其自然的、随心所欲的身体运动,如游戏、舞蹈、户外竞技运动、野外活动和基本技巧等。第四,体育教育应以儿童的心理需要和满足为中心,教师只能起辅导和鼓励作用。第五,竞技运动是体验社会生活的一种良好形式,它能使人充分显露才华,并能表现出人的道德价值和社会价值。

自然主义学校体育思想主张体育即教育、体育即生活,强调儿童个性自由发展,尊重其意愿和兴趣,推崇游戏、舞蹈、竞技运动等自然性体育活动。这些思想内容对促进我国学校体育理论与实践的发展具有积极意义,但其片面强调学生兴趣、排斥非自然的操练性的体育活动、否定体育教师的主导作用以及否认增强体质是学校体育的主要目的等内容则需持批判态度谨慎对待。总之,自然主义学校体育思想的引入,使我国当时的学校体育理论体系建构初具规模,较之军国民学校体育思想,不仅有深厚的理论依据,而且体现出人性的关怀,为田径、球类等竞技运动进入学校创造了条件,促使我国当时以学校为主体的竞技运动走向初步兴盛。在自然主义学校体育思想的影响下,人们更加重视学校体育的教育价值,注重发挥学生的主观能动性,注重活跃体育教学气氛,注重体育内容的实用性和趣味性,注重通过人的生理、心理和社会等多方需求研究体育教学,为推动我国学校体育向科学化方向发展作出了重要贡献。

(三)苏联社会主义学校体育思想

1949年10月1日,新中国宣告成立。在当时特殊的国际社会政治背景下,通过苏联选派专家来华讲学、培养研究生以及国内学者对苏联体育论著的翻译介绍,苏联社会主义学校体育思想在新生中国迅速传播开来,并成为我国学校体育的主导思想。

苏联社会主义学校体育思想主要是竞技体育思想,体育教学以技术教学为主,追求学生的身体素质和竞技技术,重视三基本(基本素质、基本技能、基本知识),强调三中心(教师中心、教材中心、课堂中心)。其主要特征:第一,强调学校体育的阶级性和工具性。从根本上与体育至上、超阶级的学校体育观点划清了界限,明确学校体育要服从于社会、阶级的利益,要为社会主义建设事业服务,为劳动生产和国防建设服务,并以此作为确定学校体育的目的、内容和组织形式等的依据。第二,强调学校体育管理制度的统一性。一是从国家层面建立相应的管理和领导机构,以此保证学校体育的工作方针及内容的统一;二是强调学校体育各个环节的统一性、衔接性,以此保证每一个学生都能经历统一的体育教学过程(包括统一的目的任务、教学大纲、劳卫制、运动等级等)。第三,强调学校体育是共产主义教育的手段。要求通过学校体育进行爱国主义、集体主义、社会主义劳动态度以及自觉的纪律性教育,并将政治思想教育贯穿于学校体育全过程。第四,强调体育教学过程中运动技能技巧的传授。受苏联著名教育家凯洛夫(1893—1978)教育思想的影响,苏联社会主义学校体育特别重视学生关于基本素质的发展、基本技能的提高、基本知识的掌握,强调教师、教材、课堂三中心教学模式,课程结构分为准备、基本、结束三个部分,遵循凯洛夫提出的直观性、自觉性与积极性、巩固性、系统性与连贯性、通俗性与可接受性五大教学原则。

新中国成立后的前10年,我国学校体育几乎是在照搬苏联模式下发展起来的。在苏联社会主义学校体育思想的影响下,我国也明确了体育是共产主义教育手段的性质,重视学校体育中的思想政治教育,确立了学校体育为无产阶级政治服务、为生产建设和国防建设服务的社会主义方向。锻炼身体建设祖国、锻炼身体保卫祖国成为学校体育的响亮口号。在全面借鉴苏联模式的基础上,我国建立了学校体育教学法新体系,制定了全国统一的学校体育教学大纲,重视体育知识技能的传授,强调学校体育工作的计划性、组织性和纪律性,明确提出学校体育面向全体学生并以"劳卫制"为中心改进体育课和课外体育活动的主张。苏联社会主义学校体育思想对新生中国的学校体育工作发挥了十分积极的指导作用,尽管在具体实施过程中存在排斥异己思想、照搬过度、结合实际不够等弊端,但它在重建我国学校体育教育新体系及"文革"后我国学校体育的深入发展等方面起到了重要作用。

三、形成与发展

(一)本土思想的初步形成

从清朝末年到"文革"初期,中国学校体育思想在移植与借鉴的道路上度过了半个多世纪的时光。虽然在1937年前后提出过带有本土特色的国粹主义学校体育思想,但由于过分强调民族传统体育的价值与地位及盲目排斥现代体育项目,因而从产生之初便因其狭隘的民族主义思想而受到限制,加之中国当时特殊的战乱背景,此种思想尚未对我国学校体育产生多大影响便走向没落。

新中国成立初期,苏联模式是我国学校体育思想的主流,1957—1965年,我国学校体育界曾结合中国学校体育实际,对苏联模式进行本土化改造,旨在探索更加适合中国特殊环境的学校体育发展道路。从1961年《文汇报》《体育报》开展的关于学校体育目的的讨论中,可以看到此次本土化努力所取得的一些成果：一是明确提出学校体育的目的要从增强体质出发，并对体质的内涵作了说明；二是运用矛盾学说认识身体发展与掌握技能的关系及普及与提高的关系；三是重估并确立中国传统体育在学校体育中的地位与价值，把武术列入体育教材等。然而，由于受到1958年"大跃进"的严重影响以及随后发生的"文化大革命"的严重破坏，再加上对西方学校体育思想的全盘否定，苏联模式本土化的努力在我国学校体育思想建设方面并没有取得实质性的成果和突破性的进展。

1978年12月18—22日，中国共产党十一届三中全会在北京召开，我国学校体育思想建设开始步入正轨。1979年的"扬州会议"开启了我国学校体育思想多元化发展的新局面，国外的各种体育教学思想、教学理论与教学方法，开始在我国学校体育界广泛传播和实验。面对"文革"末期形成的我国学校体育重竞技轻普及当时我国青少年体质普遍下降的现实，我国教育界、体育界有识之士从提高民族体质的角度，大声疾呼关心学生体质。一些学者本着增强学生体质的立论基础，进一步提出体质教育的学校体育思想。该思想强调学校体育应以发展学生身体、增强学生体质为主导，代表人物当推体质派和真义体育派的带头人林笑峰(1927—2011)。至20世纪80年代中期，该思想基本形成相应的理论体系并主导着当时学校体育的发展。

体质教育思想以体育的真义在于增强人的体质、完善人的身体为前提，在批判我国学校体育长期以来以增强体质之名去搞运动铸型教育之实、用竞技体育代替体育，把身体发展当作副产品的基础上，提出体育的科学化必须从以运动技术教学为中心转移到以增强体质为中心上来。进而对学校体育的地位、属性、功能、目标、内容、方法等诸多问题进行了演绎判断，初步形成了带有中国印记的相对独立的思想体系。

体质教育思想是我国学校体育自己的思想体系从无到有的重要标志，尽管随后受到了三维体育观的猛烈批判，并被打上生物体育观的烙印，但其在我国学校体育思想发展过程中的标志性作用不容忽视。即便在三维体育观提出后的一个相当长时期内，我国学校体育的实践体系仍然是在体质教育的思想框架内发展。在体质教育思想之后，随着改革开放的全面深入，我国学校体育指导思想进入一个更加活跃的发展时期，呈现多种思想相生共存的局面。

(二)颇具影响的几种思想

第一,快乐体育思想。该思想源于20世纪70年代的日本。其产生的原因与背景,一是社会的变化和终身体育思想的影响,二是日本体育教育界人士对战后日本学校体育实践的反思,三是日本教育改革运动的结果,四是受国际体育思潮的影响。其主要内容表现在三个方面:一是认为学校体育应该让学生通过身体的锻炼、体质的增强而感到快乐,这是人生一切快乐的一项重要物质基础;二是认为学校体育应该让学生能够在体育活动中获得在这方面的某种成功,进而感到愉悦,进而热爱体育活动,这是快乐体育的重要心理体验;三是认为学校体育应该让学生在运动中增加与同学、老师的交往,在交往中得到来自同学和老师的尊重,增进相互了解,从而感受到人与人协作的快乐,这是快乐体育的重要社会体验。20世纪90年代,快乐体育思想在我国学校体育中曾风靡一时,然而,由于推广者特别是实践者在理解上的片面和操作上的偏差,至90年代末期,特别是进入21世纪,这种单纯追求快乐的体育思想在我国学校体育思想领域尤其在早期认可度比较高的高等院校体育思想领域中的主导地位很快便成为昙花一现的匆匆过客而被健康第一等体育思想所取代。客观而言,无论是单纯地强调技能训练或增强体质,还是从方法的角度单纯地强调快乐体育,都失之偏颇。

第二,整体效益思想。该思想亦称整体效益论,源于20世纪80年代国家领导人及教育和体育系统领导人在不同场合的讲话精神,研究和传播的主要学者有罗映清、曲宗湖、刘绍曾等,是针对学校体育的目标而提出的一种学校体育思想。其基本内容主要包括两个方面,第一方面是强调学校体育的多功能与多目标,第二方面是强调学校体育课堂教学的多功能与多目标。其认识的基点是:不再将学校体育固定于学校教育,而将之扩展为现代教育(广义)的组成部分,从教育和体育两个系统来看待学校体育的地位和功能,认为学校体育具有健身、增强体质、教育、个体社会化、竞技、娱乐等功能,从而从多层次、多样性的角度建立目标体系。其核心是:把学校体育作为一个系统,以求整体综合效益。由于是国家领导人及教育和体育系统领导人发出的声音,因此从国家层面出台了相关文件、提出了相应举措并进行了系列跟进,有力地促进了该思想的形成。整体效益思想的提出与实践,对学校体育思想的探索和学校体育实践的发展,起到了积极的推动作用,从根本上冲破了自然体育观、真义体育观、技能体育观、快乐体育观、体质教学观的局限,引导人们运用生理、心理、社会三维体育思维看待和认识学校体育,为学校体育教学的科学目标的确立提供了理论基础,为学校体育教学体系的建立提供了理论依据。

第三,终身体育思想。该思想源于终身教育思想,早在2500年前,孔子的教育思想中就包含有终身教育的萌芽。作为成型于欧洲的一种教育思想,终身教育的相关理念可以追溯至古希腊时期,在哲学家亚里士多德的闲暇教育思想体系中已经有现代终身教育思想的萌芽。现代终身教育思想的实施从1965年开始,由法国教育家保罗·朗格朗提出。1965年在巴黎召开的推进成人教育国际会议,讨论并通过了联合国教科文组织成人教育局局长保罗·朗格朗关于终身教育的提案。1968年,联合国教科文组织发布了《终身教育宣言》。1972年,联合国教科文组织出版了《学会生存:教育世界的今天和明天》,确认了朗格朗的终身教育思想理论,建议把终身教育作为各国今后制定教育政策的主导思想。既然教育是终身教育,那么学校教育就要把终身教育思想贯穿其中。体育是学校教育的重要组成部分,因此学校体育理应贯彻终身体育指导思想。终身体育的核心要义就是一个人要终身进行身体锻炼和接受体育教育。其思想内容主要包含两个方面:一是指人从生命开始至生命结束,所学习和参加的身体锻炼活动,具有明确的目的性,使体育成为人一生不可缺少的生活内容;二是指在终身体育思想的指导下,以体育的体系化、整体化为目标,为人在不同时期、不同生活领域提供参加体育学习和活动机会。改革开放以来,我国有一批学者一直致力于终身体育思想的研究与传播,该思想很快成为20世纪末21世纪初我国体育思想界、体育教育界特别是高校体育教育界流行的一种新的体育思想。

第四,体育素质教育思想。该思想是指把学校体育教育的功能、目标、任务定位于提高学生的体育素质,产生于20世纪90年代中期,其社会背景是,1993年2月13日,中共中央国务院印发《中国教育改革和发展纲要》(中发〔1993〕3号),该纲要指出"中小学要由'应试教育'转向全面提高国民素质的轨道,面向全体学生,全面提高学生的思想道德、文化科学、劳动技能和身体心理素质,促进学生生动活泼地发展"。1997年9月,国家教委召开了全国中小学素质教育经验交流会,旨在进一步强调大力推进素质教育,开创基础教育新局面。由此引发了我国学校体育教育界、学校体育思想界对体育素质教育思想的探索与实践。该思想的基本内容主要表现在三个方面：一是学校教育的大目标是全面提升学生的综合素质，体育素质教育相对素质教育对德、智、体、美、劳五育并举的要素构成及内在联系的认识和要求应更加具体和深入。二是学校体育是学校教育的组成部分，是素质教育的组成部分，学校体育教学的目标必须符合素质教育的目标，即全面提高学生的综合素质，为学生德智体美劳全面发展服务。三是学校体育教学的内容、方式、手段、方法及评价标准，必须围绕学生综合素质的提升而展开。20世纪90年代中后期，这一体育思想同快乐体育、整体效益、终身体育等体育思想共存于我国学校体育教育领域，就当时情形而言，全面推进素质教育既为学校体育的发展创造了条件，同时也提出了新的课题。进入21世纪之后，这一体育思想的科学成分随即被健康第一体育思想所吸纳。

(三)健康第一体育思想的回归

健康第一体育思想在中国的最早提出者是毛泽东主席，早在1950和1951年，针对当时学生学习负担过重、健康水平下降的状况，毛泽东主席先后两次致信时任教育部长马叙伦，作出"健康第一，学习第二"的指示。在1950年的信中，毛泽东主席写道："此事宜速解决，要各学校注意健康第一，学习第二。"1953年，毛泽东主席又将"身体好"作为三好学生"三好"的第一条，更加强调增进学生健康的重要性。新中国成立初期，由于开国领袖及党和政府的高度重视，健康第一体育思想得到了很好的落实，我国学校体育在短短几年期间实现了前所未有的迅速发展。然而，1958年"大跃进"的"左倾"思潮，尤其"文化大革命"的十年浩劫，致使健康第一体育思想未得到应有的重视，严重影响了我国学校体育的健康发展。

改革开放之后，健康第一体育思想被重新提起并成为学校体育领域的主导体育思想，1999年6月13日颁布的《中共中央国务院关于深化教育改革全面推进素质教育的决定》(中发〔1999〕9号)，明确提出："健康体魄是青少年为祖国和人民服务的基本前提，是中华民族旺盛生命力的体现。学校教育要树立健康第一的指导思想，切实加强体育工作，使学生掌握基本的运动技能，养成坚持锻炼身体的良好习惯。"该思想的基本内容主要表现在三个方面。一是体育的功能、价值、目标都是多方位、多层次的，但居于第一位的还是人的健康。二是强调健康第一需要处理好健康与体育功能、价值、目标方面的关系,不能本末倒置,不能以强调体育的多功能、多价值、多目标的名义贬低健康在体育中的第一地位。三是体育活动开展的形式、手段、方法、评价标准等必须将健康列为第一位。该思想蕴含了以人为本科学理念,强化了人文关怀,体现了素质教育方针的贯彻实施及其内在要求,顺应了人们迫切渴求健康的趋势,积极有效地应对了现代社会环境污染等对人体健康的严重威胁。

健康第一体育思想的强力回归,既是我国学校体育发展的历史选择,也是我国全面推进素质教育的必然要求。学校体育既要努力实现立德树人根本任务,也要努力实现增强学生体质、促进学生健康的学科任务。学校体育的本质功能是育人,单就育人目标而言,学校体育的第一追求必须是健康。当然,这里的健康既包括外在的形体也包括内在的心理。德智体美劳构成教育的五大领域,就五育并举而言,在教育功能的总体框架下,每个教育领域均有各自的侧重点,学校体育领域的侧重点是育体,即通过学校体育促进青少年学生的身心健康。因此,健康第一是学校体育的核心价值,撇开健康第一,学校体育必将处于本末倒置的尴尬境地。综观快乐体育、整体效益、终身体育、体育素质教育4种思想,健康第一体育思想均吸纳了其中的科学成分。健康是快乐体育的重要根基,健康是整体效益的完美展现,健康是终身体育的价值追求,健康是体育素质教育的终极目标。

学校体育坚持健康第一指导思想,应始终贯穿素质教育这根主线。一是在时空观层面,要拓展学校体育的界限。首先是增强未来意识(终身体育观念)。对学校体育的价值认识,无论是从社会的角度还是从个体的角度,都将远远超出在校学习阶段而扩展到未来需要。其次是确立现代健康观念。学校体育不仅要重视与卫生保健相结合,而且要关注与社会、家庭的一体化;学校体育不仅要注重学生自身的运动,而且要关注与社会环境、自然环境的联系,着力培养学生健全的人格、健康的心理。二是在学生观层面,要更加重视学生的主体性。学校体育不能仅仅理解为让学生学到什么知识、技术或技能,而是通过体育活动中的体验,让学生最终形成相对稳定的主体意识并转化为行为方式。强调以学生发展为中心,体现学生的主体地位,尊重学生的选择,激发学生的动机和热情,培养学生自发自主从事体育活动的能力和习惯,为终身体育奠定基础,是学校体育核心价值驱动下的必然趋势。三是在课程观层面,要更加关注学校体育肩负的责任。体育课程是学校体育的核心内容和主体价值体现,是贯彻健康第一体育思想的重要载体。在全面推进素质教育的宏观背景下,向学生传播科学的体育观、健康观,为青少年学生积极参加体育健身活动提供知识、技术和方法支持,营造学校关心学生健康、支持学生健身、激发健身热情的氛围,应该成为学校体育尤其是体育课程的主要责任。因此,促进体育、健康与卫生教育的有机结合,加大体育课程的可选择性进而最大限度地满足学生个性化发展需求,促进学校体育与家庭体育、社区体育的有机融合将是学校体育健康第一指导思想坚持不懈的实施策略。

第三节 现实特征

学校体育是学校教育的重要组成部分,坚持新时代中国特色社会主义育人方向是其最根本特征。党的十九大报告提出,我国社会主要矛盾已经转化为人民日益增长的美好生活需要和不平衡不充分的发展之间的矛盾。长期以来,这种不平衡不充分的发展在我国学校体育领域表现得也比较突出,就现实存在而言,可以概括为以下3个方面的明显特征。

一、重视程度高但实际执行不够理想

新中国成立以来,党和政府十分重视学校体育工作。新中国成立之初,教育部、国家体委以及各省、自治区、直辖市教育行政部门相继设立学校体育专门管理机构,教育部和国家体委联合颁布了《学校体育工作暂行规定》,明确指出我国学校体育的基本目标是"促进学生身心健康,增强体质,并对学生进行道德品质的教育,使他们能很好地完成学习任务,从事社会主义建设和保卫祖国"。为了实现此目标,教育部于1952年在《各级各类学校教学计划》中正式规定,从小学一年级到大学二年级均开设体育必修课,每周2学时。改革开放以后,尤其进入21世纪以来,关于体育必修学时的规定进一步强化,教育部2002年8月6日印发的《全国普通高等学校体育课程教学指导纲要》(教体艺〔2002〕13号)明确规定:"普通高等学校的一、二年级必须开设体育课程(四个学期共计144学时)。修满规定学分、达到基本要求是学生毕

业、获得学位的必要条件之一。普通高等学校对三年级以上学生(包括研究生)开设体育选修课。"中共中央、国务院2007年5月7日印发的《关于加强青少年体育增强青少年体质的意见》(中发〔2007〕7号)进一步强调,中小学要认真执行国家课程标准,保质保量上好体育课,其中小学1～2年级每周4学时,小学3～6年级和初中每周3学时,高中每周2学时,确保学生每天锻炼1小时。

党中央、国务院历来高度重视青少年的健康成长。改革开放以来,虽然我国学校体育工作取得了很大成绩,但是我们必须清醒地看到,一方面,由于片面追求升学率,社会、学校、家庭乃至老师和学生本身都不同程度地存在重智育、轻体育的倾向,学生课业负担过重,休息和锻炼时间严重不足;另一方面,由于体育设施和条件不足,学校体育课和体育活动难以保证。近年来,虽然国家义务教育均衡发展取得明显成效,但体育场地设施布局不合理、体育师资数量不足或结构性缺编以及学校体育精英化等问题依然比较突出,国家课程标准执行得不够到位。在义务教育阶段,许多规模比较大的所谓优质生源学校因校园生均面积不达标,体育场地严重不足,体育课往往无法开齐开足。部分特别看重升学率的初、高中学校,体育课自觉或不自觉地被所谓主课挤占的现象时有发生。在完成学生体质与健康测试任务的基础上,小学围绕大课间、初中围绕体育中考、高中围绕体育生成为中小学体育的一种主流。虽然课外体育活动形式较多,但是除大课间活动能够惠及全体中小学生外,其他活动很难真正得到落实。相对而言,高校体育在具体实施方面,有许多潜在优势,但如何激发大学生的体育热情,进而培养他们的运动兴趣、锻炼习惯以及终身体育意识与能力仍然是高校体育课程的明显短板。

二、时间跨度长但实际效果不够理想

学校体育必修学时的教学跨度从小学一年级到大学二年级共14年之久,如果每学期统一按18个教学周计算,那么,小学1～2年级每周4学时,2年即为288学时;小学3～6年级和初中每周3学时,7年即为756学时;高中每周2学时,3年即为216学时;大学1～2年级每周2学时,2年即为144学时。按照国家规定的必修计划,一个学生在校期间体育必修总学时达到1404学时,撇开大学期间的专业学习,相对常规学习而言,体育必修学时可能仅次于语文、数学、外语等课程的学习,在教学跨度上应该没有哪门课程与之比肩。

学生从小学到大学总共经历了 14 年之久的体育必修课程的学习,总学时数达 1404 学时之多。按常理而言,学校体育应该达到相对理想的育人状态,但遗憾的是,很多学生走出大学校门之日便是与体育永别之时。调查显示,能够真正掌握至少 2 项运动技能的大、中学生人数只能勉强维持在总人数的三分之一左右,半数以上的学生不具备个体运动的自我调控能力及群体运动的参与能力。2006 年 9 月,国家体育总局和教育部联合公布的《第二次国民体质监测报告》显示:我国中小学生体质健康状况连续 20 年呈下降趋势,超重及肥胖学生数明显增加,视力不良检出率居高不下,身体素质特别是耐力、柔韧、力量与肺活量等指标呈明显下降趋势。

2011 年 8 月 29 日,《教育部关于 2010 年全国学生体质与健康调研结果公告》(教体艺〔2011〕4 号)向全社会发布,公告显示:学生体质与健康状况总体有所改善。形态发育水平继续提高,肺活量水平出现上升拐点,营养状况继续改善。中小学生身体素质下滑趋势开始得到遏制,爆发力素质(立定跳远)、柔韧素质(坐位体前屈)水平出现好转,耐力素质水平显现止"跌",力量素质(握力)水平继续提高。大学生身体素质水平虽然继续缓慢下降,但下降幅度明显减小。然而,青少年学生视力不良检出率继续上升,低龄化倾向、肥胖检出率继续增加,以及龋齿患病率出现反弹等问题不容忽视。

2015 年 11 月 25 日,《2014 年国民体质监测公报》发布会在国家体育总局举行,其中青少年学生的体质监测工作部分由教育部负责。在发布会上,全国学生体质健康调研组组长邢文华介绍本次调研结果:与 2010 年相比,7 至 18 岁学生中,除少数组别外,多数组别学生的速度、柔韧、力量、耐力等身体素质指标等稳中向好,学生体质与健康状况总体有所改善。主要体现在 5 个方面:身高、体重、胸围等形态发育水平继续提高;肺活量继 2010 年出现上升拐点之后,继续呈上升趋势;营养状况持续改善;中小学生身体素质继续呈现向好态势。在学生体质健康状况总体有所改善的同时,也存在一些问题,主要有:大学生身体素质继续呈现下降趋势;视力不良检出率居高不下,继续呈现低龄化倾向;肥胖检出率持续上升。

2020 年 7 月,福建省人民政府教育督导办公室应 2020 年度省政府教育督导委员会全体会议要求,发布了《福建省义务教育质量监测(2019)·体育与健康质量监测结果报告》。据报道,这是该省首次发布的体育与健康质量监测结果报告,也是我国省级政府教育督导部门公开发布的首份质量监测结果报告。报告显示,该省义务教育阶段学生的体适能(体质健康)总体水平较2014年有所提高,拥有较为健康的生活方式。但优秀率依然较低,各地仍然在不同程度上存在义务教育阶段学生肥胖比例上升、视力不良、睡眠不足,以及家庭、社会重视不足,学生体育活动开展不足等问题,应引起足够的重视。

福建省人民政府教育督导办公室敢于公开发布体育与健康质量监测结果值得肯定,福建省存在的问题也绝非个例,应该是我国学校体育的一个缩影。2013—2018年,笔者作为安徽省学生体质与健康监测专家,连续6年参与了本省学生体质与健康监测及监测结果分析报告的撰写工作,每年的监测结果报告虽然只是作为内部通报材料,但在很大程度上印证了福建省所反映出的问题。另外,笔者作为一名大学体育教师,在一线的体育课堂教学中有许多深刻感悟。比如,很大一部分大学生选择体育课的出发点仅仅是为了获得体育必修学分,并没有真正认识到体育的价值。再比如,三分之一的大学男生,引体向上的个数为零,能够达到及格标准的大学男生凤毛麟角;仰卧起坐测试能够达到良好标准的大学女生寥寥无几。总之,学校体育工作任重道远。

三、改革呼声高但实际运行不够理想

伴随改革开放的不断深入,我国学校体育课程模式、教学模式、教学手段与方法、教学评价等方面的改革也在积极地探索与推进。长期以来,由于学校体育实际效果不够理想,加之青少年学生接受学校体育的热情不足,各方要求改革的呼声一直很高,尤其是20世纪八九十年代,起始于"扬州会议"的各项改革层出不穷,学校体育思想百花齐放。其间,《中共中央国务院关于深化教育改革全面推进素质教育的决定》(中发〔1999〕9号)、《中共中央国务院关于加强青少年体育增强青少年体质的意见》(中发〔2007〕7号)等文件的出台,为我国学校体育改革进一步指明了方向。然而,近40年来,学校体育改革的实际运行不够理想,许多改革措施顾此失彼。比如,一味强调快乐体育而忽视运动量和运动强度,一味迎合学生的体育兴趣而放松必要的运动技能

传授，一味突出学生的主体地位而降低相应规范的教学要求，等等。

进入新世纪以来，党和政府对学校体育的期望值一直在不断提高，但反映青少年学生体质与健康水平的许多关键指标并没有得到实质性改观，肥胖率、近视率居高不下，某些身体素质指标的平均水平低于周边国家日本、韩国同龄人的平均水平，优质兵源受到影响，学生、家长及社会的满意度偏低，基层学校及体育教师处于被动应对局面，缺乏体育合力和改革动力，这些必须引起家庭、学校、社会及政府的高度重视，并切实加以改进。

一是在家庭层面，要高度重视学校体育的教育功能。作为家长，既要关心孩子的文化课成绩和排名，更要关心孩子的体质与健康，不仅自己要懂得而且也要让孩子懂得"磨刀不误砍柴工"的基本道理，鼓励并引导孩子处理好体育活动与文化课学习的关系，在条件允许的情况下，尽量把学校体育延伸至家庭，发挥家庭体育在孩子发育、发展及健康成长中的积极作用。很多经济欠发达地区，劳务输出量较大，留守儿童较多，隔代生活现象比较普遍，孩子的常态化生活得不到应有保障。作为父母，在日常生活缺位的情况下，教育不能缺失，要经常保持与孩子的沟通与联络，要时刻关心孩子的体质与健康，对孩子饮食不规律、热衷垃圾食品、迷恋网络游戏、害怕运动吃苦等不良行为，千万不能听之任之，要积极配合学校并结合体育与健康课程予以矫正。

二是在学校层面，要深刻理解五育并举的重大意义。部分学校重智育轻他育、重文轻体等现象还比较严重，体育课被挤占、挪用等现象时有发生，大课间开展得不扎实、课外体育活动流于形式等问题客观存在，体育与健康教育课程的开设尚未得到应有保证，场地设施经费不足或使用情况不合理等问题缺乏应对策略，对体育教师的培养、培训以及监督、管理等措施缺乏长效机制，体育教师晋升难度大、待遇偏低以及不能同工同酬等现象在一些学校还不同程度地存在，部分体育教师不仅有职业倦怠，而且存在不想教、不敢教、不能教等行为，严重影响学校体育工作的正常开展。德智体美劳缺一不可，只有五育并举，才能培养新时代中国特色社会主义的合格建设者与接班人。体者，载知识之车而寓道德之舍也，只有把学校体育工作落到实处，学校教育才能真正完成立德树人根本任务。

三是在社会层面，要正确看待全面发展的成才观。学校体育是义务教育的重要内容，由于中、高考的指挥棒作用以及逢编制必先笔试（文化知识考试)的用人现状,社会各界对学校的智育关注度更高,往往将智育成绩也就是所谓的中、高考成绩作为衡量教育资源是否优质的唯一标准,全面发展的成才观遭到扭曲,学校体育的社会地位被大大削弱,学校体育工作经常处于边缘化的状态。近年来,虽然义务教育均衡发展取得一定成效,但以智育为衡量标准的优质教育资源依然不够均衡,人们都希望自己是优质教育资源的获得者或获利者,家长希望孩子就读升学率高一些的学校,中小学校尤其是私立学校希望招揽相对优质的生源,部分地区的社会办学机构也在一定程度上推波助澜,严重影响了学校体育的运行质量,阻碍了学校体育与健康课程的改革步伐。

四是在政府层面,要全面把握可持续发展的政绩观。部分地方政府仍然坚守相对狭隘的以智育为主的教育教学观念,忽视青少年学生的体质与健康,实施义务教育精英化、智育化,用高考升学率以及进入名校尤其是清北(清华北大)人数作为本地区教育政绩的体现形式,缺乏可持续发展的政绩观。增强青少年学生的体质与健康不仅是学校体育的重要任务,而且是一个地区发展水平的重要标志,事关社会文明进步、国家繁荣昌盛、民族兴旺发达。各级各地政府都应承担主体责任,要把青少年学生的体质与健康水平纳入本地区可持续发展的综合评价内容,并以此为抓手全面推进学校体育的改革与发展。

第三章　我国高校体育俱乐部

高校体育俱乐部是高校中的一种体育文化现象,是基于共同需求和共同兴趣的高校体育爱好者通过自由选择体育活动项目而结成的带有社团性质的自立性体育组织。本章从俱乐部、体育俱乐部、高校体育俱乐部等概念入手,结合高校体育俱乐部构建模式及社会一体化发展趋势,系统梳理高校体育俱乐部的性质、类型、目标、功能以及体育教学俱乐部等关键要素,为新时代我国高校体育俱乐部制的创新发展与持续发展提供理论预期。

第一节　相关概念阐释

概念是思维的基本形式之一,它反映了客观事物的本质特征,概念的形成过程也就是人们对客观事物的本质特征的认识过程。因此,我们要想弄清高校体育俱乐部的本质特征,应该从概念的研究入手。

一、俱乐部

俱乐部文化起源于英国,俱乐部这个词是日本人对英文 Club 的音译,由于其在音、形、义三方面与英文音译都十分匹配,所以在中国一直沿用。在我国,《辞海》将俱乐部定义为:各种文化娱乐活动场所的统称。《现代汉语词典》(第 7 版)将俱乐部解释为:进行社会、文化、艺术、体育、娱乐等活动的团体和场所。《百度词典》则将俱乐部描述为:英语 Club 的音译,意即总会;社会政治、文艺、娱乐团体名称或社会团体的活动场所,现多指社会团体所设的文化娱乐场所。

根据美国经济学家 J. M. 布坎南在 1965 年《俱乐部的经济理论》中提出的俱乐部理论,以及由王同亿主编译的《英汉辞海》上册(国防工业出版社 1990 年 3 月出版)对俱乐部所作的定义,可将俱乐部的主要特点概括为 4 个方面:一是俱乐部有一定的地理区域范围;二是该区域范围内存在有一定关系的人群；三是俱乐部是一个小型社会，具有相对的独立性；四是俱乐部成员拥有相对一致的利益，其成员的某些需求可在俱乐部中得到满足。

单从字面上理解，俱乐部就是人们聚集在一起进行娱乐活动的组织团体及其活动场所。17世纪的欧洲大陆，当时的绅士俱乐部就是源于英国上层社会的一种民间社交场所，这种俱乐部的内部陈设十分考究，除古香古色的房间和美轮美奂的装饰之外，还设有书房、图书馆、茶室、餐厅和娱乐室。在传统的英国俱乐部中，英国绅士良好的教养及对生活的高雅品位都可以得到充分体现。可以说在英国社会，一个人拥有多少知名俱乐部的会员资格是此人社会地位高低的体现。然而，时至当下，俱乐部已经远远超出英国绅士范畴，涵盖商业企业、中心社团、组织机构、爱好圈子等社会的方方面面，会员在自愿、互助、互惠的基础上自主参加，并有相应的权利和义务。因此，从严格意义上解释，俱乐部则是具有某种相同兴趣的人进行社会交际、文化娱乐等活动的团体和场所，其中，兴趣相投、彼此自愿、协调和谐、身心愉悦是俱乐部成员开展活动的重要基础。

二、体育俱乐部

世界上许多国家都有体育俱乐部，最早的体育俱乐部产生于17—18世纪，1608年出现的英国高尔夫球俱乐部就是其中之一。目前，体育俱乐部已经成为许多国家尤其是发达国家大众体育的重要组织形式，正在成为人们参加体育活动最方便、最有效的途径和社会体育的主要载体。

1976年，日本文部省为体育俱乐部下过一个定义，即体育俱乐部是以体育爱好者自发性、自主性的结合为基础，为增进健康和促进相互间的协调和睦而进行持续性体育活动的组织。德国著名学者海尔曼认为，体育俱乐部是一个以自由的成员资格、以成员利益为准则、不依赖第三者、义务参与工作和民主决策制为结构特征的自由团体。德国体育俱乐部在其协调运转中又表现出团结合作、角色分配、非正式控制、协调自治和通过人际关系树立形象等五类行为特征。我国学者隋云鹏将体育俱乐部定义为：由举办人（或发起人）自发设立，经有关政府部门核准登记，依法独立从事体育经营的社会组织或经营实体。该定义在一定程度上强化了体育俱乐部的经营特征。不同国家在体育俱乐部的表述上虽然存在一定差异，但以满足人们健身、娱乐、休闲需要为目的,坚持自愿、自发、自主的原则开展有组织的体育活动,是体育俱乐部的共同特征。

我国体育俱乐部起步较晚,为进一步加强青少年体育工作,2000年3月1日国家体育总局下发通知,决定使用1999年度体育彩票公益金,在全国开展创办青少年体育俱乐部试点工作。《1999年度体育彩票公益金用于扶持创办青少年体育俱乐部实施方案》规定:青少年体育俱乐部具有社会公益性特征,是今后国家倡导并引导发展的旨在广泛开展青少年日常体育活动的社会组织。青少年体育俱乐部的主要任务是:培养青少年体育兴趣、爱好和终身体育锻炼的习惯,增强青少年体质,并向其传授体育运动技能,发现和培养体育人才。然而,青少年体育俱乐部到底属于哪种性质的组织,国家体育总局并没有作出明确的规定。在2007年以前的政策文件中,对青少年体育俱乐部的组织性质没有明确界定,只是强调青少年体育俱乐部具有社会主义公益性和非营利性的特征。2007年,国家体育总局在《关于申报2008年国家级青少年体育俱乐部的通知》中,进一步明确了我国青少年体育俱乐部是民办非企业单位的组织性质,更加严谨的理解就是我国青少年体育俱乐部是按照民办非企业单位的性质发展。青少年体育俱乐部属于体育类民办非企业单位,是我国非营利组织的一种,具备非营利组织的特征。

关于体育俱乐部的具体分类,各个国家都有不同的划分标准。美国统一将体育俱乐部划分为青少年体育俱乐部和成年人体育俱乐部两大类。从经营性质上看,有职业性体育俱乐部、商业性体育俱乐部和公益性体育俱乐部;从规模上看,有几个人组成的活动小组,也有每年投资上千万的大型体育俱乐部;从参加者情况看,有青年体育俱乐部、妇女体育俱乐部、老年人体育俱乐部、残疾人体育俱乐部、家庭体育俱乐部;从体育健身俱乐部的性质看,有商业性健康中心和健身俱乐部、私人体育健身俱乐部、旅馆及大型建筑和公园的健身中心、隶属于社会团体的俱乐部、各类公司的体育健身俱乐部、心血管康复中心、运动医学活动中心、业余和职业的运动项目俱乐部,等等。为了满足社会各阶层人士参加体育健身活动的需求,美国除了有相当多的综合性体育俱乐部,还设立了许多单项体育俱乐部。在日本,体育俱乐部大致分为市内会员体育俱乐部、县内会员体育俱乐部、学校体育俱乐部和同好会、民间会员制体育俱乐部、单位体育俱乐部和同好会、其他类型体育俱乐部等,在这些俱乐部下又设有许多小的体育俱乐部组织,如学校体育俱乐部中的学校运动部、体育少年团、体育俱乐部学校、道场等;民间健身俱乐部又分为综合型俱乐部、准综合型俱乐部、体育场馆型俱乐部和游泳俱乐部等。德国体育俱乐部活动方式则以单一项目为主,法国、英国等在体育俱乐部的划分上也有自身的一些特点。概括地讲,上述体育俱乐部大多按照年龄、项目、区域和目标等进行划分,同我国传统的条块体育划分有一定的相似性,但组织形式、经营特点和发展规模等具有很强的灵活性、可操作性和实践性。

关于体育俱乐部的管理,在西方一些发达国家,主要通过法律手段予以实现,大多采用政府与民间体育组织合作的结合型体制,即政府进行宏观管理,具体事务由基层政府与社会团体管理且享有很大的自主权。日本大众体育的各级组织均不受上级组织的统一管理和支配,而是自主地开展各项活动。美国基本上没有垂直的大众体育管理体系,联邦政府对地方政府主要是提供拨款、进行指导和信息沟通,地方政府与大学生体协、终身体育基金会、美国业余体联及美国健康、体育、休闲与舞蹈协会等社会团体一道支持、协助基层俱乐部的工作,推动大众体育在全国范围内的广泛开展。法国采用的是典型的结合型管理体制,在全国设立众多综合性和单项体育协会,基层俱乐部几乎遍及城乡。而且法律明确规定,体育协会不应成为企业,不缴纳税金,是独立的法人社团,协会的管理实行民主选举的主席制。反观我国体育俱乐部的管理,行政色彩相对较浓,社会化程度有待提高,法律法规有待进一步完善。因此,在具体事务的管理上,应积极借鉴国外体育俱乐部的成熟经验,通过体育俱乐部的有序有效运行推动我国大众体育和全民健身活动的广泛开展。

三、高校体育俱乐部

自20世纪90年代以来,体育俱乐部在我国高校校园悄然兴起,高校体育俱乐部一度成为我国高校体育界关注的热点,相关研究层出不穷,在丰富高校体育文化、活跃人们的思维、推动体育课程改革等方面发挥了积极作用。但综观研究与实践的整个过程,我国高校体育俱乐部还过多地局限在体育课堂教学层面,由此引发的体育资源不足、体育课流于形式、大学生体育权利受到侵害等问题比较突出。高校体育俱乐部并没有达到理想的预期效果,人们对高校体育俱乐部在实际运行中的现实问题产生困惑。这种理想与实际的脱节,在一定程度上制约了我国高校体育俱乐部的进一步完善与可持续发展。究其原因,关键问题在于对于高校体育俱乐部的概念缺乏科学界定。

关于高校体育俱乐部的基本概念,我国学者进行专门探讨的不多,2003年,在《华东地区高校体育俱乐部现状调查》(发表在《中国体育科技》2003年第3期上)一文中,吴秋林、茆飞霞二位学者对高校体育俱乐部进行了界定。他们认为:高校体育俱乐部是高校中的一种体育文化现象,是基于共同体育兴趣爱好的大学生,基于自我完善的需要,自由选择体育活动项目结成的具有社团性质的体育团体,是学校体育活动的一种组织形式。资料显示,这是高校体育俱乐部盛行以来最早出现且相对完整的一个定义。

概念是对事物本质属性的高度概括,上述观点能否被人们接受,不仅在于观点本身的描述,更重要的在于这个观点是否真正体现了高校体育俱乐部的本质属性。不难看出,高校体育俱乐部的核心词汇是俱乐部,二级词汇是体育俱乐部,脱离俱乐部和体育俱乐部,高校体育俱乐部则成了无源之水、无本之木,这一点应该是基本共识。因此,界定高校体育俱乐部的基本概念,绝不能忽视俱乐部、体育俱乐部和高校体育俱乐部3个具体层面。在俱乐部层面,主要看是否符合俱乐部的主要特征;在体育俱乐部层面,主要看是否反映体育的表现形式;在高校体育俱乐部层面,主要看是否涵盖高校这一特定区域。这3个层面呈递进关系。

关于俱乐部特征,可以概括为以下4个方面:①俱乐部有一定的地理区域范围;②该区域范围内存在有一定关系的人群;③俱乐部是一个小型社会,具有相对的独立性;④俱乐部成员拥有相对一致的利益,其成员的某些需求可在俱乐部中得到满足。对照上述定义,高校体现了一定的地理区域范围,具有共同体育兴趣爱好的大学生体现了一定关系的人群,具有社团性质的体育团体体现了相对的独立性,基于自我完善的需要体现了相对一致的利益。因而高校体育俱乐部的基本概念满足了属性的第一个层面。

关于体育的表现形式,上述定义中的体育文化现象、体育兴趣爱好、体育活动项目、体育团体等关键词汇,相对清晰地展示了体育的基本元素,有力地印证了其中蕴含的体育价值。因而高校体育俱乐部的基本概念属性的第二个层面也是满足的。

关于高校的特定区域,本书认为,上述定义总体是符合的,但他们把高校体育俱乐部的参与对象仅仅指向具有共同体育兴趣爱好的大学生,则在很大程度上限制了人们的视野,也在一定程度上违背了俱乐部的初衷。应该明确的是,高校体育俱乐部并不是单纯的大学生体育俱乐部,在不违背俱乐部基本特征的前提下,师生员工共同参与的高校体育俱乐部,也不失为高校体育的一种很好的组织形式。因而高校体育俱乐部的基本概念属性的第三个层面不能完全满足。

为了更加全面地分析我国高校体育俱乐部的基本概念,我们不妨再借鉴一下日本文部省1976年为体育俱乐部下的定义:体育俱乐部是以体育爱好者自发性、自主性的结合为基础,为增进健康和促进相互间的协调和睦而进行持续性体育活动的组织。该描述在一定意义上满足了上述的第一、第二层面属性要求,尤其"自发性、自主性、持续性"等用语含有十分积极的借鉴成分。

综上所述,在上述定义的基础上,本书将我国高校体育俱乐部界定为:高校体育俱乐部是高校中的一种体育文化现象,是基于共同需求和共同兴趣的高校体育爱好者通过自由选择体育活动项目而结成的带有社团性质的自立性体育组织。

第二节 相关问题梳理

我国高校体育俱乐部的发展态势良好,但由于过多地局限在体育课教学这一层面,加之我国体育俱乐部的社会化程度不高,所以发展速度一直十分缓慢。因此,在高校体育俱乐部的概念确立之后,业界有必要对高校体育俱乐部的性质、类型、目标、功能以及体育教学俱乐部等问题作进一步梳理。

一、性质

性质是一种事物区别于其他事物的根本属性,在高校众多的体育组织中,体育俱乐部究竟属于什么性质的体育组织,应该引起思考。目前,我国高校体育界对高校体育俱乐部的性质界定比较模糊,普遍存在体育俱乐部即体育课的认识。

高校体育俱乐部作为俱乐部的特定组织形式,其最大特征是自由、自主、自立、自愿,它与带有法定约束力的高校体育课存在较大差异。高校体育课是大学生的一门必修课,本科生开设4个学期,要求修满相应学分。从参与主体来看,高校体育课面向的是全体学生,而高校体育俱乐部面向的应该是广大师生员工。体育课教学重在传授体育知识(包括运动技术)与技能,目的是让学生从不会到会、从不知到知,需要学生体力与智力的共同参与。而体育俱乐部则重在活动的开展,目的是锻炼身体、增进健康、促进和谐,是在基本掌握体育知识与技能基础上的体力与智力的展示。试想,如果一个人对某个运动项目不会不知,他如何能够产生兴趣?没有兴趣,他又如何参加体育俱乐部的活动?总之,高校体育俱乐部不能等同于体育课,它是课余体育的一种组织形式,其最大特点是具备课余性质。

现阶段,我国高校体育俱乐部的课余性质体现得很不明显,不少高校把体育俱乐部纳入体育课教学,全面推行体育俱乐部教学模式。客观地说,虽然这种教学模式具有十分积极的改革成分,但的确存在高校体育学科的知识性、技术性、实践性被淡化的问题。在具体操作中,有的高校过分强调学生的主体地位而忽视教师的主导作用,把体育课变成学生自由活动的场所,教师也因此落得自在轻松;有的高校把体育俱乐部作为创收的一种渠道,把教学的重点转移到俱乐部的经营上。由此造成的体育课流于形式,大学生的体育权利受到侵害等现象比较严重。

众所周知,课堂是知识传授场所,俱乐部是活动开展场所,把高校体育俱乐部落实于体育课堂其实是认识上的一种误区,既不符合俱乐部的固有特征,也不符合体育课的教学规律。长此下去,不仅影响高校体育的学科地位,而且影响我国高校体育俱乐部的进一步完善与可持续发展。当然,高校体育俱乐部与体育课不是对立的,它们是相辅相成的互补关系。体育课作为传授体育知识的基本组织形式可以促进体育俱乐部的建设与发展,体育俱乐部作为课余体育的重要组织形式也可以加强体育课的基础地位,体育课可以借鉴体育俱乐部的组织形式,但不能弱化教学内容、手段、方法与要求。如果把体育课理解为单纯的活动课,那么,体育教师也就没有存在的价值,体育课也就没有存在的必要了。就高校体育课而言,比较适合的组织形式仍然是国家教育部大力倡导的三自主教学形式,它的整体构思既体现了以学生为本的教学主旨,同时也突出了高校体育的学科地位和体育课的基础地位。现实背景下,虽然许多高校所能实现的自主十分有限,但根本的问题并不是体育教学规律的违背,而是体育资源的失衡与不足。

二、类型

我国学者关于高校体育俱乐部类型的划分大致有3个方面的观点。邹师、冯火红认为,高校体育俱乐部大体分课外体育俱乐部、课内体育俱乐部和课内外结合的体育俱乐部3种,课外体育俱乐部为最早形式。吴秋林、茆飞霞把高校体育俱乐部分为教学类体育俱乐部、课外活动类体育俱乐部、业余训练类体育俱乐部和综合类体育俱乐部4种。王勇、张文普把高校体育俱乐部分为业余体育俱乐部(课外活动俱乐部)、休闲健身俱乐部、体育教学俱乐部(俱乐部教学模式)和体育职业俱乐部4种。

上述3种分类,虽然从表面上看有其合理的成分,但实质上缺乏对高校体育俱乐部本质属性的把握。3种观点都未能跳出体育课的怪圈,尤其是邹师、冯火红的分类主要以体育课为基点,使人很容易将体育俱乐部与体育课混为一谈。这不符合高校体育俱乐部的基本特征,如果长期坚持这种思维模式,高校体育俱乐部很难走出困境。

综观世界范围的体育俱乐部,从属性上一般分为职业体育俱乐部、业余体育俱乐部和商业体育俱乐部3种类型。所谓的职业体育俱乐部,参与的主体是职业体育人,采取的是自主经营、市场机制运作等形式,其目的更多的是传播体育文化。目前,我国参与国际国内联赛的篮球、排球、足球等各专业队,虽然市场化程度不高,但已具备职业体育俱乐部的特征。所谓的业余体育俱乐部,参与的主体是广大民众,采取的是业余时间、自愿参与、共同工作等运作形式,其目的更多的是锻炼身体、增进健康、促进和谐。所谓的商业体育俱乐部,参与的主体是经营者与消费者,采取的是自主经营、市场机制运作等形式,经营者参与商业体育俱乐部是为了营利,消费者参与商业体育俱乐部虽然也是为了锻炼身体、增进健康、促进和谐,但受消费能力的制约,参与者不可能是大众,这种消费能力的个体化与高校体育资源的共有化形成了鲜明的矛盾。因此,以广大师生员工为参与主体的我国高校体育俱乐部,既不能演化成职业体育俱乐部,也不能演化成商业体育俱乐部,应该归属于业余体育俱乐部类型,贴切地说是课余体育俱乐部。

课余体育俱乐部只是高校体育俱乐部的总体类型。在此基础上,按参与对象,可分为大学生体育俱乐部、教职工体育俱乐部、师生员工共同参与的体育俱乐部；按参与范围，可分为校内体育俱乐部、校际体育俱乐部、校外体育俱乐部、社会一体化体育俱乐部；按参与项目，可分为单项体育俱乐部、综合型体育俱乐部；按参与性别，可分为男性体育俱乐部、女性体育俱乐部、混合型体育俱乐部；按实现功能，可分为休闲健身型体育俱乐部、康复型体育俱乐部、竞技运动型体育俱乐部等。总之，明确了课余类型，高校体育俱乐部的发展空间将十分广阔。

三、目标

高校体育课程结构的多元化决定了体育俱乐部是高校体育课程的有机组成部分，是体育课的延伸与发展。在高校体育课程中，体育课是最基本的组织形式，体育俱乐部则是课余体育的重要组织形式，它们是相辅相成的互补关系，二者的总体目标是一致的，也就是最大限度地实现高校体育课程目标。由于二者组织形式存在差异，在具体目标上则各有侧重。

《全国普通高等学校体育课程教学指导纲要》针对不同对象把体育课程目标分为基本目标和发展目标两个层面，无形中对体育课和课余体育提出了不同要求，就体育课的具体目标而言，更多地在于体现体育课程的基本目标层面，即通过体育课教学使大多数学生达到基本要求，完成教会任务，帮助大学生掌握从事体育活动的基本知识与技能。而对于体育俱乐部的具体目标而言，更多地在于体现体育课程的发展目标层面，即在实现体育课程基本目标的基础上，完成勤练与常赛任务；帮助大学生牢固树立"健康第一"和"终身体育"思想，促进个体社会化和高校体育终身化。

诚然，高校体育俱乐部和体育课的具体目标不是孤立的而是互相联系的。高校体育课程的基本目标仅仅靠体育课一种组织形式是不可能实现的，它离不开体育俱乐部及其他课余体育组织形式的合力作用。同理，高校体育课程发展目标的实现单靠体育俱乐部一种组织形式也无从谈起，它离不开体育课的基础作用和其他课余体育组织形式的推动作用。

随着高校体育课程改革的不断深化，体育课程结构多元化的趋势将更加明显。为了更好地实现高校体育课程目标，我们既不能动摇体育课的基础地位，也不能忽视体育俱乐部等课余体育组织的积极作用。要在狠抓体育课教学质量的前提下，通过各种途径，利用各种资源，积极引导大学生根据自己的需求与爱好自主组建和自由选择体育俱乐部，并通过经常性地参与体育俱乐部的活动,丰富课余体育文化生活,巩固体育课教学成果,加速实现课内与课外结合,校内向校外拓展,高校体育向终身体育过渡。

四、功能

高校体育俱乐部作为高校课余体育的重要组织形式,最直接的功能就是活跃大学生的课余体育文化生活,这一点是显而易见的。但高校体育俱乐部作为高校体育课程的有机组成部分,又决定了它最根本的功能在于不断地完善高校体育的育人功能。

高校体育俱乐部本身具备强大的育人功能。体育俱乐部是体育爱好者自愿参加并通过自己的力量组织起来的,组织形式和活动内容由自己决定,参与者可以承担组织、服务、裁判等不同工作。这种参与的自愿性和行为角色的不定性增强了体育对象的主动性、体育形式的灵活性和体育手段的多样性,因而能拓展育人空间,疏通育人渠道,增强育人效果。其不仅能活跃大学生的课余体育文化生活,而且能最大限度地挖掘大学生的运动潜质,培养大学生的终身体育兴趣与能力,促进个性发展,进而加速个体社会化和高校体育终身化进程。

教育思想的根本性变革激活了高校体育俱乐部的育人功能。20世纪70年代,以知识为中心的教育思想开始向以人为中心的教育思想转移。在高等教育中,以人为中心就是要突出以学生发展为中心。这种教育思想在体育中的具体表现是重视非正规课程的作用,强调个性能力发展和终身体育观念,要求除知识技能以外,还要把学生的情感、态度、理想、意识等纳入教育价值取向的重要领域。高校体育俱乐部作为高校体育非正规课程的重要表现形式,集大学生的智商、情商、体商于一体,恰恰与这种教育思想的教育价值取向不谋而合。

当前,我国高校体育界已经认识到体育俱乐部的潜在功能,然而中国与欧、美、日等国有很大区别。我国的课余体育组织尚不健全,大学生自主建立体育俱乐部的能力和经验还存在很大不足,因而在一定程度上制约了上述功能的顺利实现。为此,一要正确处理体育课与课余体育的关系,在确保体育课教学落在实处的前提下尽快转变高校课余体育观念,为体育俱乐部的合理构建营造适宜的发展空间。二要发挥高校体育行政部门和群团组织的主渠道作用,帮助大学生组建体育俱乐部,引导大学生积极参加体育俱乐部,指导体育俱乐部开展活动。三要合理利用校际及社区的体育资源,实现资源互补与共享,以推动我国高校体育俱乐部的进一步完善与可持续开展。

五、体育教学俱乐部

我国高校体育教学俱乐部亦可理解为体育教学俱乐部模式,一直是业界关注的热点,在可以查询的涉及高校体育俱乐部的研究论文中,八成以上与体育教学俱乐部有关,学者们近乎众口一词地肯定这种模式并加以佐证,但理论与现实存在较大反差。

梳理我国高校体育教学俱乐部研究文献,可以得出如下结论:目前的研究,未能从整体上把握体育教学俱乐部的本质与规律;理论与实践脱节,存在教学实践的超前性与相关理论研究相对滞后性的矛盾;从研究的性质看,理论研究存在解释性研究滞后于描述性研究的特点;从研究的方法看,不仅单调,而且自然科学的量化研究及经验总结较多,人文社会科学理论方法运用较少;从研究的内容和范围看,囿于学校的狭窄圈子,不能从社会、家庭和学校的三维角度来对体育教学俱乐部进行研究。

深圳大学是开设体育教学俱乐部比较早的高校,目前仍然存在和全国其他高校体育教学俱乐部一样带有共性的问题。在全面推进素质教育的进程中,人们企盼改革的愿望是美好的,但任何急于求成和违背规律的做法都将产生负面影响。体育教学俱乐部重视学生的主体地位、突出学生的个性发展,这一点无疑是可取的,但缺乏必要约束力的体育教学俱乐部能替代体育课吗?如果体育教学俱乐部值得推广的话,那么,其他学科的课堂教学是否也可以按照俱乐部的形式开展呢?

自20世纪80年代以来,人们要求体育课教学改革的呼声越来越高,体育教学模式、手段、方法、组织、评价等方面的改革风起云涌。伴随快乐式体育、研讨式教学、探究式学习等新思想、新提法的不断出现,高校体育教学俱乐部应运而生。回顾20世纪的后20年乃至21世纪,虽然体育教学改革可谓轰轰烈烈,但我国青少年的体质健康状况仍然堪忧。2006年9月,国家体育总局和教育部联合公布的《第二次国民体质监测报告》显示:我国中小学生体质健康状况连续20年呈下降趋势,超重及肥胖学生数明显增加,视力不良检出率居高不下,身体素质特别是耐力、柔韧、力量与肺活量等指标呈明显下降趋势。《教育部关于2010年全国学生体质与健康调研结果公告》显示,在我国中小学生体质健康状况总体出现好转的情况下,大学生身体素质继续缓慢下降。《2014年国民体质监测公报》显示:在学生体质健康状况总体有所改善的同时,也存在一些问题,主要有大学生身体素质继续呈现下降趋势;视力不良检出率居高不下,继续呈现低龄化倾向;肥胖检出率持续上升。

大学生身体素质水平明显偏低,警醒我们不得不对高校体育教育教学改革进行反思。就普通高校而言,面对体育知识(包括运动技能与健康知识)相对贫乏的大学生群体,每周1次的体育课可能是70%以上的在校大学生接受体育教育的重要机会。因此,无论采取何种教学模式,体育课仍然是高校体育的重要载体。在大学生体育知识相对薄弱的现实状况下,放松体育课的基本要求甚至把体育课以俱乐部的形式完全交由学生自己主宰,可能是本末倒置之举。

第三节 未来趋势构想

我国高校体育俱乐部只有20余年的发展历程,很多方面的实践尚未成熟,很多方面的理论仍处在探索之中。我国大众体育社会化程度不高,社会体育组织尤其大众体育俱乐部尚不健全,就国内而言,可供借鉴的现存经验的确不多,照搬照抄国外经验更不可行。中国特色社会主义进入新时代,因此,如何构建及构建怎样的高校体育俱乐部应该成为我们高校体育工作者关注的重点。

一、构建模式

我国高校体育俱乐部虽然起步较晚,但作为高校体育的一种组织形式已经得到业界的广泛认可。然而,面对现实中的许多问题,我国高校体育界必须清醒认识和理性对待,任何急于求成与违背规律的做法都会严重影响高校体育终身化及大众体育社会化进程。

体育俱乐部的主体其实就是具有共同需求和共同兴趣爱好的体育人群。运动项目的多样性和个体的差异性决定一个人不可能喜欢所有的运动项目,同时也决定某一运动项目的爱好者不可只有一人。共同喜爱某一运动项的高校体育人群利用课余时间自愿聚集在一起组成单项体育俱乐部,自主开展相关活动,能极大地增强集体的亲和力与凝聚力,有助于体育俱乐部内部环境的优化。如果把不同运动项目放在一起组成俱乐部,则很难满足所有成员的共同需求与爱好,不利于体育俱乐部活动的组织与开展。

目前我国高校体育俱乐部构建形式相对比较单一,所涉及的大多是校内大学生体育俱乐部,开展活动的内容、时间与空间过多地局限于体育课堂,忽视了教职工这个重要群体。调查表明,很多高校的教职工利用业余时间通过自己的力量组建的各种单项体育俱乐部,在开展职工健身和丰富校园体育文化生活方面发挥了十分重要的作用。借鉴教职工的经验与做法,大学生利用课余时间完全可以组建相应的单项体育俱乐部,通过聘请有体育专长的教职工对自己组建的体育俱乐部进行指导以及参与教职工体育俱乐部开展的相关活动,相互渗透,相互影响,能极大地推动高校体育俱乐部的建设与发展。

体育俱乐部是连接学校体育、社会大众体育和职业体育的纽带,高校体育俱乐部作为课余体育的重要组织形式不可能始终局限于校内,其最终趋势是突破校园,融入社区,实现社会一体化。笔者认为,我国高校体育俱乐部的构建模式:一要体现课余性质;二要以单项体育俱乐部为基础,以自愿参与为原则;三要以高校校园为主阵地,以校内体育俱乐部为支撑,以校际体育俱乐部为过渡环节,联络社区,实现社会一体化(见图3-1)。

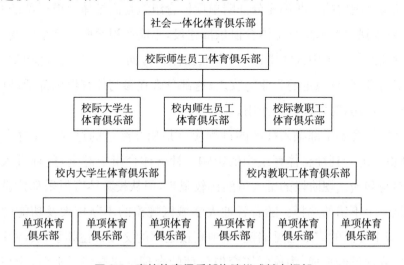

图3-1 高校体育俱乐部构建模式基本框架

二、社会一体化发展趋势

高校体育属于社会体育的一部分,社会体育本身就是通过体育来实现人的社会化。高校体育社会化既是高校体育发展的必然趋势,也是中国特色社会主义市场经济条件下学校体育发展的客观要求。体育俱乐部是学校体育活动中发展前景广阔并具有代表性的群体组织,通过高校体育俱乐部与社会体育组织的沟通协作,可以推动我国高校体育的社会化进程,达到全民健身的目的。体育社会化是高校体育俱乐部的基本走向,高校体育俱乐部应利用场地优势及人力资源优势,冲破校园的禁锢,向社区、学区及居民渗透。通过学校之间、学校与社区之间的广泛交流,增进学生对社会的了解,开阔学生眼界,汲取社会文化中有益的成分,弥补校园文化的不足。

高校体育俱乐部最终实现社会化发展的趋势无须质疑,由于我国大众体育的社会化程度不高,这种趋势的演进过程可能还比较艰难与漫长,但趋势不可阻挡。这种趋势的演进过程就是突破、融入与实现的过程,即突破校园,融入社区,实现社会化。

高校体育俱乐部突破校园的过程应该是校内体育俱乐部的自身建设与自我完善的过程。在这个过程中,首先,要重视单项体育俱乐部建设,因为国外的经验及国内的实践都充分证明单项体育组织是高校体育俱乐部的基础。其次,要重视校内师生员工体育俱乐部建设,不能忽视教职工这个重要群体。高等学校的教职工中人才济济,很多人在体育方面有一技之长,他们有运动的需求与爱好,有稳定的职业与收入,这部分人在参与体育俱乐部活动中,对内起骨干作用,对外起联络作用。

高校体育俱乐部融入社区的过程应该是相互渗透的过程。在这个过程中,其更多地受到社会体育组织的影响。社会体育组织健全,这种融入就比较自然与和谐。现阶段的融入虽然比较艰难,但从校际体育俱乐部建设入手可能是一个不错的选择。随着各地大学城区规模的不断扩大及功能的不断完善,城中社区的雏形已见端倪,城中高校之间的交往日益频繁,资源互补与共享的局面已经形成,为校际体育俱乐部的合理构建搭建了平台,为高校体育俱乐部融入社区的实践提供了机遇。

总之，我国高校体育俱乐部的社会化并非简单意义上的社会融入。笔者认为，以学校、家庭、社会为背景，以高校校园为主阵地，以自愿参与为原则，以单项体育俱乐部为基础，以校内体育俱乐部为支撑，以校际体育俱乐部为过渡环节，以社区体育俱乐部为融入对象，既是我国高校体育俱乐部最终实现社会一体的基本路径，也是新时代我国高校体育俱乐部制创新发展与持续发展的理想境界。

第四章 深圳大学体育教学俱乐部改革

深圳大学自1983年创办以来,形成了"特区大学、窗口大学、实验大学"的办学特色,改革的先行先试成为学校风尚。1994年,该校体育教学俱乐部的改革尝试在全国率先启动。本章从基本情况、来由与初衷、初期构想等3个方面介绍改革的相关背景,从改革模式、课程设置、选课方式、课程运行、群体活动与课外锻炼、大学生的体质健康与测试等6个方面重点介绍改革方案的总体框架,解析经验启示,为新时代我国高校体育俱乐部制的创新发展与持续发展提供深圳大学改革经验。

第一节 改革的相关背景

一、基本情况

深圳大学简称深大,创办于1983年,位于我国改革开放的桥头堡城市广东省深圳市,是经国家教育部批准设立的综合性大学,由广东省主管、深圳市人民政府主办,学校秉承"自主、自律、自强"校训,形成了"特区大学、窗口大学、实验大学"的办学特色,是我国最早开展体育教学俱乐部改革尝试的高校。

20世纪90年代初期,邓小平同志南方讲话再次掀起中国改革浪潮,深圳特区作为小平南方考察的重要站点,改革的氛围更加浓厚。体现"特区大学、窗口大学、实验大学"办学特色的深圳大学,许多领域的改革已经走在全国高校前列。1994年,深圳大学体育教学俱乐部的改革尝试在全国率先启动。1996年,深圳大学体育教学俱乐部课程改革获广东省教学成果二等奖。1997年,该校的大学体育课程被评为省级重点课程。2001年,该校的大学体育课程又被评为省级优秀课程,2次获得广东省优秀教学成果一等奖,并荣获2005年第五届高等教育国家级优秀教学成果二等奖。

二、来由与初衷

20世纪八九十年代,是我国学校体育思想最为活跃的一个时期。伴随改革开放的全面深入,外来体育思想大量涌现,高校体育领域的困惑、问题与矛盾也在中国社会的改革开放大潮中日益凸显,高校体育界祈盼改革的愿望十分迫切。这一时期,为了尽快摆脱体育教育教学领域的现实困境,全国各级各类高校,在课程设置、教学模式、教学组织、教学手段与方法、教学评价等方面的改革与实践可谓层出不穷,身处改革开放前沿阵地的深圳大学则在全国率先推行了体育教学俱乐部的改革与尝试。

1996年,深圳大学陈小蓉教授在《中国学校体育》第2期上发表了《大学体育教学俱乐部的改革尝试》一文。该文虽然不长,但从两个方面道出了该校实施体育教学俱乐部改革的初衷。一是希望通过大学体育教学改革解决好4个问题:①大学体育与中、小学体育的衔接问题;②学校体育与终身体育的关系问题;③体育锻炼的自觉性与强迫性的问题;④对大学体育教学施教对象的研究问题。二是希望通过在课程设置与教学形式上的大胆尝试,使体育课向着有趣、轻松、自由、娱乐身心的方向发展;增强学生对体育活动的兴趣,促使学生积极自愿地参加体育活动,掌握自己所喜爱的运动项目的技术技能,学会健康生活的知识与技能,为提高今后生活的质量,终身从事体育锻炼和保健奠定基础。

三、初期构想

陈小蓉在《大学体育教学俱乐部的改革尝试》一文中将深圳大学体育教学改革的初期构想归纳为:以体育教学俱乐部为核心,促进学生课余体育活动的开展,推动校园运动文化的形成,营造自觉地、科学地进行体育锻炼的氛围,为学生毕业进入社会后终身体育锻炼奠定技能上和意识上的基础。

2006年12月23日,《深圳大学改革公共体育课程的思考与实践》在国家教育部网站发布。关于思考与实践的具体要点,深圳大学将其概括为4个方面。一是如何调动青年大学生接受体育教学的积极性。深圳大学认为应该采取扶持爱好、激发兴趣、学会一技、终身受用的教学导向,即在体育教学中让学生学习自己所爱好的体育运动的技能,从中体验体育运动的乐趣,培养自我锻炼的兴趣,为终身体育打下基础。二是如何组织和实施体育俱乐部的专项课程。学校规定,体育教师可以按照自己的专长,提出开设专项课程的申请,一经批准,该教师就是课程主讲教师或称为俱乐部教练。一个专项俱乐部可以开设初级、高级不同水平层次的多个班级,授课过程中要有教、有学、有比赛、有观摩,充分发挥学生的主体作用。三是如何使普及与提高相结合。与校园体育文化活动相结合,根据大学生的身心发展特点和组织能力特点,深圳大学认为课外体育锻炼与课外竞赛的管理应以体育单项俱乐部为基本管理单位,采取大学生自治的方式进行。四是如何增进学生的体质健康。深圳大学通过建立个性化的健康预警机制、开发研制个性化的运动处方、编制个性化的体育选课指南、开设体质健康强化课程以及设立学生体质健康等级提升计划等措施予以实现。

深圳大学的本科教育教学理念是:办学以学生为本,育人以素质为本,有教无类,因材施教,厚积薄发,经世致用。深圳大学力图打造一个具有本科教学特色的教育体系,这一体系的核心与宗旨就是使学生在校学习生活中,全过程全方位地接受素质教育。为此,学校建立了5个素质教育(普通话、英语口语、现代信息技术应用能力、心理健康、体质健康)测试机构,全面提升大学生整体素质。体育教学俱乐部改革的整体思路也是为了更大程度地顺应该校的本科教育教学理念。

第二节 改革方案的总体框架

一、改革模式

深圳大学体育教学俱乐部改革重点体现在"四三"模式上,即三自主、三互动、三自治、三开放。所谓三自主模式主要是指学生自主选择运动项目、自主选择上课时间、自主选择任课教师,所谓三互动模式主要是指教师与学生互动、课内与课外互动、课堂与网络互动,所谓三自治模式主要是指课外锻炼自治、课外竞赛自治、课外训练自治,所谓三开放模式主要是指开放时间、开放空间、开放资源(见图4-1、图4-2、图4-3、图4-4)。

第四章 深圳大学体育教学俱乐部改革　67

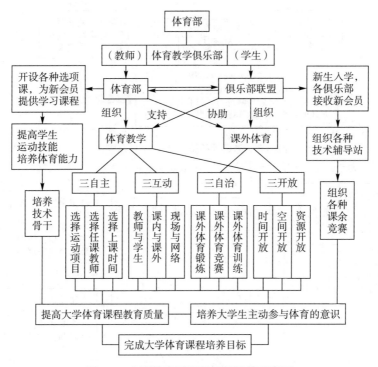

图 4-1　大学体育课程"四三"模式示意图

（资料来源于《北京体育大学学报》2007 年第 6 期第 814 页）

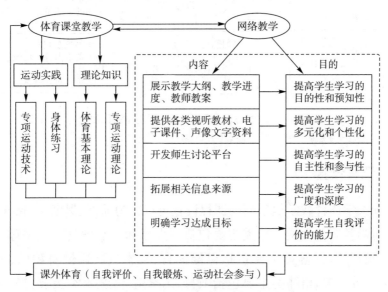

图 4-2　体育课程与网络互动教学模式示意图

（资料来源于《北京体育大学学报》2007 年第 6 期第 814 页）

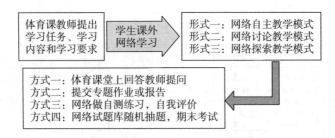

图 4-3 体育理论网络教学模式示意图

(资料来源于《北京体育大学学报》2007 年第 6 期第 815 页)

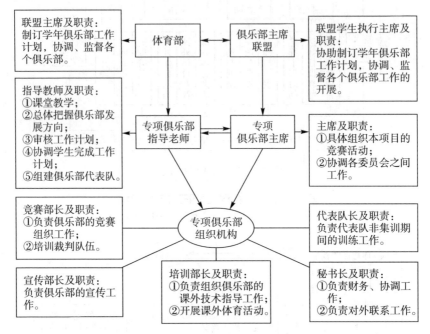

图 4-4 大学体育俱乐部组织管理结构示意图

(资料来源于《北京体育大学学报》2007 年第 6 期第 815 页)

二、课程设置

深圳大学体育教学俱乐部的课程设置重点分为球类、保健类、格斗类、艺术类和时尚类等 5 大类。球类主要包括三大球和三小球、棒球、垒球、毽球、保龄球、板球等,保健类主要包括保健体育、武术、瑜伽、健身秧歌、太极剑(拳)、太极养生等,格斗类主要包括散打、跆拳道等,艺术类主要包括体育舞蹈、健美操、韵律操、女子形体、艺术体操等,时尚类主要包括定向越野、围棋、街舞、游泳、高尔夫球、击剑、野外生存等。在运动项目的安排上,充分体现健身性、文化性、需要性、时尚性、层次性(初级、高级)等特性,并以培养目标为依据,充分考虑学校的主客观条件及学生的个性化需求开设课程。对于这类课程改革,深圳大学体育部最初把它称作专项体育教学,后来又改称体育教学俱乐部,教务处则把它定性为专项体育选修或专项体育限制性选修。

三、选课方式

深圳大学的体育教学俱乐部课程主要面向大一、大二学生开设,大三、大四不再开设体育必修课。选课方式非常自由,不受院系、年级或班级限制。一二年级学生必须自主选择某个体育俱乐部接受体育专项教学,允许学完一个学期转换俱乐部,也可以继续在该俱乐部学习;三四年级学生可以自由参加。大一、大二学生每学期必须进行一次课程选择,学生选课可以重复,一个学生两个学年允许选择4个体育俱乐部。每学期教师上课内容相同,教师上课形式主要采用传统教学模式,即教师讲授、学生练习。其选课流程主要分为3个阶段,每个俱乐部的选课人数一般控制在30~50人。第一阶段:在每个学期的第九周,教师根据自己的业务专长及时间申请下一学期的教学任务并上报教学秘书;在每个学期末,由教学处在学校网络上发布下一学期体育俱乐部开课情况,包括教师简介、课程简介和上课时间等。第二阶段:在每个学期的第一周,学生自主选择运动项目、上课时间和授课教师并试听课程。第三阶段:在每个学期的第一周末,体育部教学秘书对选课人数进行微调。一是俱乐部选课人数过多,首先由系统进行自动筛选,被剔除的学生再进行其他未满俱乐部的第二轮选择;二是俱乐部人数未满,但在经过第二轮选择后人数又过多,则在满足第一轮学生优先选择的条件下,第二轮选择的学生进行随机抽签选择;三是经过多轮选择后,还存在俱乐部未招满或极少数学生未能选上俱乐部课程的情况,则由体育部教学秘书进行非选择性安排。经过这3个阶段的完整运行,体育部在每学期的第二周初,确定最终各俱乐部上课学生名单,名单一经确定,中途不得进行俱乐部转换。

四、课程运行

深圳大学的体育教学俱乐部课程在授课时间的安排上比较灵活,学校授权体育俱乐部教练自主安排授课时间,可以是上午或下午,可以是早上或晚上,也可以是周六或周日。学校体育场馆按照俱乐部制定的教学时间安排场地,其目的就是方便学生自主选择体育学习时间,进而避免在专业学习上产生选课冲突。关于学生体育学习成绩的评定,学校规定,凡参加体育俱乐部教学全过程并正常学习者,均为成绩合格(D档),体育俱乐部学业水平测试成绩按 A(优)、B(良)、C(中)3 个档次评定。学校认为,这种成绩评定方式,一方面实事求是地解决了过去存在的一些学生因身体条件而不能合格的问题,另一方面又鼓励了在专项体育上学有所成的大多数同学。在课程运行的质量监控方面,学校指示教学督导室对体育教学俱乐部的上课情况进行全面检查,并请学生利用教学质量网络评估系统对体育课程和任课教师给出评估意见。改革以来,对专项体育俱乐部教学形式的评估结果,只有改进意见,无一反对意见;对体育俱乐部教学质量的网络评估结果也名列前茅。

五、群体活动与课外锻炼

深圳大学的群体活动实行以体育单项俱乐部为基本单元的管理模式,各俱乐部通过三自治(课余体育锻炼自治、体育赛事组织自治和俱乐部代表队训练自治)的形式开展相关活动。学校鼓励各单项俱乐部组织校内的各项体育比赛和体育活动,全校各类体育赛事均由各个俱乐部的骨干学生在教师的指导下策划组织。学校支持各俱乐部代表队参加校际和校外的各类体育比赛,凡校级专项体育代表队均由体育俱乐部出面组队,体育俱乐部的教练就是代表队的教练和俱乐部的指导教师,学校高水平运动队队员同时负有争取优异成绩和担任相关俱乐部代表队助教的义务,配合教练辅导俱乐部代表队成员。

深圳大学在促进学生课外自练的手段上,采用虚拟币形式予以落实。学校每学期给全校学生的校园一卡通中每人虚拟充值 200 元,该 200 元的虚拟币仅限于体育场馆使用,但不限本人使用,200 元虚拟币用完不再充值,未用完的余额新学期也不能累积,学校在新学期统一进行归零处理。

六、大学生的体质健康与测试

2003 年,深圳大学成立学生体质健康测试中心,创建体质测试网络系统,帮助学生全面了解体质测试的目的、意义、内容和方法,指导学生网上自主选择测试时间和查询测试结果。他们利用体育教学俱乐部课内与课外互动机制,在网上为学生提供10000多条运动处方和运动建议,实现体质健康测评与三自主选课有机结合。针对一些体质差、增强体质意愿强烈的学生,尝试开设体质健康强化课程。以个人、学院和全校的体质健康等级逐年提高为目的,为体质差的学生建立体质健康档案,切实体现学校教育对学生的个性化服务与人文关怀。

体育教学俱乐部改革初期,深圳大学的体质测试对象为大一、大三学生,测试时间为每一学年度的开始阶段,测试成绩不与体育成绩相关,但与学位及各类评优挂钩。成绩合格者发体质测试合格证书,不合格者安排补考,尚未出现因体质测试成绩不及格而不予毕业的情形。学生体质测试采用校园一卡通刷卡操作方式,测试项目为5项。测试之前由学生领取填写有本人相关信息的测试表格,每测一项,在表格的相应位置填写该项目的测试成绩。5项测试完成,测试成绩上报学校网站,供学生上网查询。

第三节 关于改革的认知及启示

一、内在认知

深圳大学启动体育教学俱乐部改革尝试的时段是1994—1998年。查询中国知网,截至2020年9月28日,来源核心期刊、CSSCI期刊、CSCD期刊等3个类别,以体育教学俱乐部为关键词的研究论文共19篇。其中,最早的一篇发表于1995年11月15日的《高教探索》,最近的一篇发表于2013年7月15日的《高等农业教育》。在这19篇颇具影响力的研究论文中,深圳大学有4篇呈现,占全国高校的近四分之一。这4篇文章分别是陈小蓉执笔的《深圳大学体育教学改革的尝试与实践》(发表于1995年11月15日的《高教探索》)、谭沃杰的《关于高校体育教学俱乐部发育规律的研究:深圳大学体育教学俱乐部的现状与对策》(发表于1998年3月25日的《体育与科学》)、张得保为第一作者的《对普通高校体育教学俱乐部实施双语教学的研究》(发表于2006年8月15日的《武汉体育学院学报》)、陈小蓉的《大学体育课程"四三"

模式的构建与实施》(发表于 2007 年 6 月 15 日的《北京体育大学学报》)。这 4 篇文章在一定程度上反映出深圳大学体育教学俱乐部改革的内在认知。

陈小蓉执笔的《深圳大学体育教学改革的尝试与实践》一文概括了体育教学俱乐部的特点：一是专业开设更加丰富多样；二是俱乐部课堂教学形式灵活；三是简化考试内容并体现竞争性；四是改革考勤方式，提高自觉性；五是采用会员费制度，提高参与意识。

深圳大学在开设 2 年专项体育课的基础上，开设竞技类体育教学俱乐部、保健类体育教学俱乐部、娱乐类体育教学俱乐部等 3 种类型的俱乐部。学校认为，形式多样的体育教学俱乐部的开设，不仅能使学生在校期间参加多种趣味性的体育活动，养成体育锻炼习惯，还有利于学生掌握终身体育的运动技能、运动方法与科学健身健体的自我保健手段与知识。

深圳大学体育教学俱乐部，在活动形式方面，采取教师集中辅导，学生分散练习提高的方法，每周安排教师辅导一次。此外还要求学生每周自行或参加小组活动 1~2 次(小组活动由各队队长或小组组长自行组织)，活动均安排在下午 4:00~6:00 进行，基本不占用常规教学时间。在教学组织方面，依照体育教学的主体性原则，采取以学生为主、教师为辅的教学组织形式。教师由原来的主授者变为组织者和辅导者，可以根据学生的技术水平和身体条件开展不同等级的俱乐部教学和比赛，重视学生的自律性和自主能力，减少强制性。在教学手段方面，减少了学生的身体素质测验和多种考试，增加了体育竞赛的时间和场次。学校认为，这种灵活的课堂教学形式，有利于学生在常规教学时间选学其他课程，有利于学生结合自身实际有针对性地解决在教学内容方面的有人吃不饱、有人吃不了等弊端，有利于提高广大学生体育活动的参与积极性、竞争性和趣味性。

深圳大学体育教学俱乐部在考试内容和标准上减去了身体素质达标和理论考试(理论知识以讲座形式传授)，增加了专项身体素质的测验和比赛中运用技术能力的评定及比赛成绩的排序等内容。学校认为，这种考试内容和标准的改革，更加符合专项运动项目的要求，具有竞争性并提高了学生的专项运动技能，同时也减少了教学中的强制性成分，有利于提高广大学生参与体育活动的自觉性和主动性。

深圳大学体育教学俱乐部在学生考勤方面强制性较弱，每学期俱乐部会员集体辅导课的出勤率只要求达到 60% 即可具备获取学分的资格,学生的出勤率主要通过提高考试标准、俱乐部比赛成绩与期末学习成绩挂钩,以及利用收取会员费的办法进行非强制性控制。学校认为,由于多因素、多方面地调动了学生的积极性,绝大部分学生的出勤率并没有下降。

深圳大学体育教学俱乐部,按照不同俱乐部使用场馆的情况,实行不同级别的收费标准。他们认为收取会员费的目的:一是借此增加会员的俱乐部意识和主人翁精神,提高他们从事俱乐部活动的积极性;二是为俱乐部比赛活动提供一些资金来源。

深圳大学体育教学俱乐部的改革与尝试,学校自己认为也存在不少问题,主要表现为:①学校现有的场地、器材、设备、师资等条件还不能满足体育教学俱乐部的需要。②学生的选项过度集中于部分热门项目,使某些教学俱乐部人数过多,影响了教学质量。③在教学俱乐部的组织与教学方面还缺乏经验,有些俱乐部的安排组织形式缺乏新意。④部分教师的工作热情与教学责任心较差,使部分学生不甚满意。深圳大学体育部谭沃杰老师对本校的体育教学俱乐部也有许多方面的类似认识。

谭沃杰在《关于高校体育教学俱乐部发育规律的研究:深圳大学体育教学俱乐部的现状与对策》一文中,将深圳大学体育教学俱乐部的特点概括为:一是学生凭兴趣和爱好选择专项体育俱乐部;二是由以往教师强迫学生学习变为学生自主学习;三是教师教学方式由主导变为辅助,学生学习方式从被动变为主动;四是课堂常规教学内容只保留基本部分,其余部分由学生在课堂外完成;五是教师教学和学生学习的自由度较大,减少了不必要的压力和负担;六是课堂考勤和组织由学生负责,教师主要负责教学和辅导。关于深圳大学体育教学俱乐部发展的影响因素,谭沃杰认为:一是体育教学俱乐部组织不健全,俱乐部组织结构形同虚设,计划性不够全面和周密;二是学生骨干作用不大,体育教学俱乐部骨干没有群众基础,工作能力、组织能力较差;三是小球项目师资缺乏,网球、羽毛球、乒乓球等项目是学生喜爱的项目,选课的学生多,但具有这方面专长的教师少,非专长教师不得不自学改行担任导师;四是个别项目受场地、器材限制,造成僧多粥少局面,满足不了学生需求,影响了学生的学习兴趣,违背了俱乐部的精神与宗旨;五是设立体育教学俱乐部的目的不明确,大部分专项体育教学俱乐部局限于每周例行的一次教学课,在指导思想、目的任务、教学内容、方法、组织教学方式等方面并无新意,与专项体育课差别不大。

二、外在认知

深圳大学体育教学俱乐部改革在全国高校体育界产生较大反响,学习交流、考察论证、经验借鉴一度成为许多高校体育部门的重要事项。伴随教育领域和高校体育领域改革的整体推进,关于深圳大学体育教学俱乐部改革的外在认知也逐渐趋于理性。

浙江树人大学对深圳大学开展的体育教学俱乐部改革进行了调研并形成《深圳大学体育教学俱乐部调研报告》。调研主要采用听(听相关人员介绍)、问(结合实际询问相关事宜)、看(随堂观看实际授课)、访(随机访问大一至大四年级学生)等方式并参阅了从教育部网站获取的《广东省深圳大学体育部本科教学工作水平评估自评报告》以及从深圳大学网站获取的公体部内部资料《深圳大学体育课程模式构建与实施总结报告》等资料。

通过调研,浙江树人大学的体育同行认为,深圳大学体育教学俱乐部在实施过程中的最大亮点是虚拟币的构想及使用。通过推行虚拟币,有效地缓解了学生课外锻炼与场馆管理的矛盾,提高了学生锻炼的积极性,同时也有效地控制了场馆锻炼人数,解决了长期以来因场馆不足带来的人多锻炼效果不佳及争抢场地等矛盾,对全国高校的确具有很强的启示作用。

然而,同行们在调研中也发现了深圳大学体育教学俱乐部面临的一些深层次问题及无法回避的基本现实。这些主要表现为:深圳大学体育教学俱乐部的改革主要集中在1994年到2000年期间,2000年以后,俱乐部的改革基本处于停滞状态。在实行俱乐部的初期,深圳大学的构想是成立与国外性质相似的体育俱乐部,即学生完全自主学习与管理,教师虽是俱乐部的教练,但主要从事俱乐部的日常管理和业务咨询工作,不负责俱乐部的训练和教学工作。这种完全西化的模式未能考虑中国国情,这种模式的施行意味着大量的体育教师面临转岗甚至下岗的困境,因此首先遭到本校很多体育教师的反对。当然,如果加以推广,可能会遭到全国高校很多体育教师的反对。2000年以后,在内外压力的影响下,深圳大学体育教学俱乐部进行了调整,教学形式回归为教师讲授、学生模仿练习等的传统模式,俱乐部也未根据学情进行分层教学。同行们调研认为,深圳大学体育教学俱乐部的改革已基本流于形式,由于未能很好地解决教学、训练、竞赛、活动等学校体育工作的有机统一等问题,就实质而言,深圳大学的体育教学俱乐部目前还仅仅局限于体育课堂教学这个层面。另外,深圳大学在体育教学俱乐部改革的实施阶段,也一直未能制定与俱乐部情况相匹配的体育教师考核办法;关于学生虚拟币的使用,不限本人、用完不再充值以及课外锻炼不与体育成绩挂钩等相对理想的做法也在一定程度上影响了课外锻炼的实际效果。

浙江树人大学所呈现的实地调研情况,在傅振磊、莫少强合作撰写的《我国大学体育俱乐部教学模式的回顾、反思与出路》(发表于《广西社会科学》2018年第2期)一文中也有所印证。该文认为:20世纪80年代中后期,日本的快乐体育理念传入我国,在此背景下,深圳大学于1994年率先实施体育俱乐部教学改革,历经近20年的发展,体育俱乐部教学模式在教育改革前沿区域呈逐渐衰弱之势,但其对我国大学体育改革的影响并未消失,某些地方性高校甚至某些省级区域仍对这种教学模式推崇备至。从外部现象与理论层面来看,俱乐部教学模式似乎切中了我国高校体育改革的命脉,然而,在具体教学实践层面却截然相反。体育俱乐部教学模式过于强调学生的主体地位,降低了教师的主导作用,导致学生自由散漫,教师的责任心不足,俱乐部名存实亡,教学更是难以为继。这是我国高校体育俱乐部教学模式改革必须正视的问题。

三、经验启示

深圳大学作为我国改革开放前沿阵地的特区大学、窗口大学、实验大学,率先开展大学体育改革,的确在我国高校体育领域发挥了先行先试的作用。历经多年的大学体育教学俱乐部改革,虽然未能达到理想预期而最终走向衰弱,但对我国高校体育改革的积极影响不容置疑。

针对深圳大学体育教学俱乐部改革,本书认为:态度积极、愿望良好,但理想化成分偏多,未能很好地结合我国具体实际,对我国学校体育规律性的认识不够到位,对我国高校体育面临的任务及基本现状缺乏理性分析。诚如傅振磊、莫少强在《我国大学体育俱乐部教学模式的回顾、反思与出路》一文中所述,①俱乐部要求与体育教学任务向左。一方面,俱乐部要求以自愿性为主要特征,另一方面,体育教学任务以强制性为主要特征。在我国大学体育俱乐部教学模式所倡导的理想体育课中,学生自主、积极参加身体锻炼是问题的关键;若其表现不足,俱乐部要求则难以付诸实践。那么,以强制性为主要特征的体育教学任务是否能够真正得到落实则需打个大大的问号。②俱乐部职能与学生成绩诉求相悖。俱乐部是会员聚会、联谊的场所,以休闲、社交为目的。我国大学体育俱乐部的会员身份具有二重性,既是俱乐部的会员,更重要的还是在校大学生。他们尽管按照自身兴趣、爱好选择相应的学习内容,并参加俱乐部活动,但其关注的重点不是俱乐部的体育聚会交流、身体锻炼心得,而是最终的体育考试成绩。因此,获得优良的体育考试成绩依然是大学生向我国大学体育俱乐部教学模式提出的终极诉求,这与以休闲、社交为目的的俱乐部职能相悖。③俱乐部活动与学生体育能力相异。会员有能力参与俱乐部活动是俱乐部的重要特征之一。参与大学体育俱乐部活动不仅仅要求缴纳会费、投入激情,更重要的是要具有相应的体育能力。我国大学体育俱乐部教学模式要求学生按照自身兴趣、爱好选择学习内容,并参加一定次数的俱乐部体育活动,其言外之意就说明了学生具有参与俱乐部活动的体育能力。然而现实情形是,我国大学生的体育能力严重不足,这自然与大学体育俱乐部活动需求大相径庭。

上述难题的客观存在,也在一定程度上说明深圳大学体育教学俱乐部改革先天存在不足。鉴于此,笔者认为,高校体育教学俱乐部改革应该正视两个关键性问题。一是高校体育的课程性质问题。确切地说,我国高校体育的必修性质必须长期坚持,这种判断基于新时代中国特色学校体育的基本现实。二是高校体育教学俱乐部改革的基本定位问题。确切地说,此项改革仅仅是体育教学层面的手段、方法及组织形式的创新设计,而不应作为高校体育课程模式的整体设计(改革),这种判断基于新时代中国特色学校体育的未来发展。

关于高校体育的课程性质,《全国普通高等学校体育课程教学指导纲要》(教体艺〔2002〕13号,教育部2002年8月12日印发)在第一条就进行了明确界定:体育课程是大学生以身体练习为主要手段,通过合理的体育教育和科学的体育锻炼过程,达到增强体质、增进健康和提高体育素养为主要目标的公共必修课程;是学校课程体系的重要组成部分;是高等学校体育工作的中心环节。这里,最为关键的词汇是"公共必修课程"。简言之,高校体育课是必修课。《高等学校体育工作基本标准》(教体艺〔2014〕4号,教育部2014年6月12日印发)也在第五条作出明确规定:严格执行《全国普通高等学校体育课程教学指导纲要》,必须为一、二年级本科学生开设不少于144学时(专科生不少于108学时)的体育必修课,每周安排体育课不少于2学时,每学时不少于45分钟;为其他年级学生和研究生开设体育选修课,选修课成绩计入学生学分;每节体育课学生人数原则上不超过30人。

  人们可能会对高校体育的必修性质不以为然,认为其仅是国家教育主管部门的硬性规定,对其必要性的认识存在偏差。其实,高校体育的必修性质在一定程度上反映了中国特色学校体育的制度优势。实事求是地说,我国学校体育发展不平衡不充分的矛盾还相对比较突出,中小学体育状况不尽如人意,青少年的体质健康状况仍然未能实现根本性好转,大学新生的体育知识与能力严重不足。将高校体育纳入必修课程,不仅可以弥补中小学体育的缺失,而且可以为大学生的体质健康及终身体育奠定基础。

  高校体育的必修性质,在一定程度上为高校体育教学俱乐部改革的基本定位确立了方向。2020年9月21日,国家体育总局、教育部联合印发了经中央深改委员会于4月27日审议通过的《关于深化体教融合促进青少年健康发展的意见》。9月22日,国新办就深化体教融合促进青少年健康发展政策有关情况举办发布会。教育部体育卫生与艺术教育司司长王登峰在发布会上解读该意见时强调:学校体育改革,就是要瞄准教会、勤练、常赛的模式推进。笔者认为,所谓教会,就是要通过学校体育课,教会学生健康知识、基本运动技能、专项运动技能等;所谓勤练,就是要组织学生进行经常性、常规性的体育锻炼,巩固与提高课堂上教会的运动技能;所谓常赛,就是要组织面向全体学生的体育竞赛活动,进一步巩固、提高与展示课堂上教会的运动技能。通过学校体育课、体育锻炼和体育竞赛,让学生真正实现享受乐趣、增强体质、健全人格、锤炼意志的目标要求。由于大学生的不会,所以教会成为高校体育的必然选择,因而决定了高校体育的必修性质。就体育教学俱乐部而言,其主体是教学,任务是教会,阵地是课堂。由此可见,这里的俱乐部只能是体育课堂教学的一种组织形式,是为了教会学生健康知识、基本运动技能、专项运动技能所采用的手段与方法。

教会靠课堂,勤练靠课余,常赛靠组织。深圳大学体育教学俱乐部改革虽然未能很好地把握高校体育的课程性质和基本定位,但是对我国高校体育乃至整个教育的后续影响十分积极。其改革理念不仅与中共中央、国务院1999年6月13日颁布的《关于深化教育改革全面推进素质教育的决定》(中发〔1999〕9号)的精神吻合,而且对教育部2002年8月12日印发的《全国普通高等学校体育课程教学指导纲要》(教体艺〔2002〕13号,以下简称《课程纲要》)产生重要影响。关于课程结构,《课程纲要》从第七条至第十条作出了指导性很强的总体设计。第七条:为实现体育课程目标,应使课堂教学与课外、校外的体育活动有机结合,学校与社会紧密联系;要把有目的、有计划、有组织的课外体育锻炼、校外(社会、野外)活动、运动训练等纳入体育课程,形成课内外、校内外有机联系的课程结构。第八条:根据学校教育的总体要求和体育课程的自身规律,应面向全体学生开设多种类型的体育课程,可以打破原有的系别、班级建制,重新组合上课,以满足不同层次、不同水平、不同兴趣学生的需要;重视理论与实践相结合,在运动实践教学中注意渗透相关理论知识,并运用多种形式和现代教学手段,安排约10%的理论教学内容(每学期约4学时),扩大体育知识面,提高学生的认知能力。第九条:要充分发挥学生的主体作用和教师的主导作用,努力倡导开放式、探究式教学,努力拓展体育课程的时间和空间;在教师的指导下,学生应具有自主选择课程内容、自主选择任课教师、自主选择上课时间的自由度,营造生动、活泼、主动的学习氛围。第十条:应把校运动队及部分确有运动特长学生的专项运动训练纳入体育课程之中;对部分身体异常和病、残、弱及个别高龄等特殊群体的学生,开设以康复、保健为主的体育课程。总之,《课程纲要》虽然没有明确提及体育教学俱乐部,但关于课程结构的基本内容在很大程度上体现了"深圳大学体育教学俱乐部改革方案"的相关设想。

放眼新时代中国特色高校体育的未来发展,本书认为,深圳大学体育教学俱乐部改革的后续影响可能会比较久远,大家应该有清晰认识和理性判断。深圳大学体育教学俱乐部改革的最初构想是成立与国外性质相同的体育俱乐部,大学生就是真实意义上的俱乐部会员,体育教师的身份是指导者或教练员。可以说,这是对我国高校体育课程必修性质及体育教师传统身份的一种彻底颠覆,正是因为这种现实情形的无法超越,致使既不是完全意义上的俱乐部也不是真正意义上的体育教学,成了四不像。然而,随着社会不断进步和我国中小学体育的进一步完善,深圳大学的这种最初构想并非永远无法实现。

放眼世界,我国是高校开设体育必修课程为数不多的国家,欧美国家姑且不论,就连我们周边的韩国、日本等国的高校体育课程也并非必修。借鉴国外高校体育发展经验,结合我国大学生身心发展特点,再加上如果我国中小学体育较好地解决了大学体育需要解决的教会任务及社会体育俱乐部的进一步健全,那么高校体育的必修性质还真的需要坚持吗?届时,我国庞大的高校体育教师队伍所应该采取的态度,可能不是主观上的强力抵触而是客观上的主动转型。体育课堂也好,体育俱乐部也罢,都是体育教学的有机组成部分,只不过承载的任务不同而已,课堂教学主要解决会的问题,俱乐部活动主要解决练和赛的问题。其实,高校体育俱乐部活动的指导者或教练员的综合素质乃至专业能力都应远远高于传统意义上的高校体育教师所具备的水平。因此,无论是当下还是未来的高校体育教师,都要把综合素质尤其是专业能力的不断提升作为自己永恒的追求。只有这样,我们才能更好地顺应新时代中国特色高校体育的未来发展,才能不折不扣地完成学校体育教学面临的双重任务(全面发展、专项技能),也才能进一步推进新时代我国高校体育俱乐部制的创新发展与持续发展。

第五章　合肥学院体育课程教学俱乐部制改革

合肥学院是德国在中国重点援建的两所示范性应用型高校之一，德国的体育俱乐部模式对该校体育产生重要影响。2005年，该校在安徽省率先实施体育课程教学俱乐部制改革。本章从基本情况、来由与初衷、初期构想等3个方面介绍改革的相关背景，从管理模式、组织架构、课程设置、教学内容、教学评价、俱乐部活动的基本形式、俱乐部活动时间以及体育竞赛管理模式等8个方面重点介绍改革方案的总体框架，解析经验启示，为新时代我国高校体育俱乐部制的创新发展与持续发展提供合肥学院改革经验。

第一节　改革的相关背景

一、基本情况

合肥学院是一所在改革中诞生、在开放中成长、在创新中发展的省市共建，以市为主的全日制、公办本科院校，其前身是创办于1980年的合肥联合大学。2002年3月，经教育部批准，由原合肥联合大学与合肥教育学院、合肥师范学校合并组建。作为中德教育合作示范基地，在成立之初，合肥学院就明确提出"地方性、应用型、国际化"的办学定位，是安徽省率先实施体育课程教学俱乐制改革的高校。

合肥学院自2005年创建大学公共体育俱乐部制教学新模式以来，在省内外高校产生较大反响，来校考察、交流、学习者不计其数，是继深圳大学之后再次掀起高校体育俱乐部改革高潮的普通本科院校。据该校相关人士介绍，该校高水平俱乐部成员在各级各类竞赛中争金夺银。2005—2018年，有3000多人次获国际、国内及省级以上体育竞赛奖510余项，其中国家级金牌128枚，是安徽省唯一的全国高校体育竞赛100强高校；该校的体育俱乐部改革三次获得安徽省教学成果一等奖，其改革成果同时成为学校2014年国家教学成果一等奖、2015年第四届全国教育改革创新特别奖的重要板块。在此基础上,合肥学院将俱乐部制推广到公共艺术类教育教学改革领域。2018年6月,安徽省教育厅针对深化高校公共体育艺术教育教学改革出台了《安徽省教育厅关于在全省高校推行公共体育艺术教育俱乐部制教学改革的意见》(皖教秘高〔2018〕60号),要求全省高校学习借鉴合肥学院公共体育艺术类教育教学改革实践经验,各高校要在2018级新生教育中启动公共体育艺术教育教学改革。

二、来由与初衷

1985年,安徽省人民政府和德国下萨克森州政府签署了按照德国应用科学大学办学模式,共建一所示范性应用型本科院校的协议,合肥学院(原合肥联合大学)成为德方在中国重点援建的两所示范性应用型高校之一。2015年10月30日,为庆祝中德合作共建合肥学院30周年,国务院总理李克强与德国总理默克尔共同参观合肥学院。李克强表示,中国正在加快发展现代职业教育,愿意借鉴德国在职业教育方面的先进经验,努力让崇尚一技之长、不仅凭学历更要靠能力的理念成为社会风尚,为中国实施创新驱动发展战略,推动大众创业、万众创新,以及"中国制造2025"和德国"工业4.0"战略对接,提供高水平的职业教育与专业技术人才支撑,为国内经济社会发展作出更大贡献。

合肥学院可谓中德教育合作的试验田,建校伊始,便提出"适当收费、不包分配、按社会需求设置专业、后勤社会化"的办学模式,受到《人民日报》《光明日报》等主流媒体的广泛关注,被誉为中国高等教育改革的"小岗村"。作为中德教育合作示范基地,合肥学院与德国高校之间的交流十分频繁,不仅有德籍教师长期在校执教,而且有德国高教经历的本校教师很多,最具代表性的当属历任合肥学院教务处长、副校长、校长、党委书记的蔡敬民(2019年8月调任安徽大学党委书记)。年轻时就喜欢打排球的蔡敬民,对德国大学普遍推行的体育俱乐部非常欣赏。他认为:体育课怎么上、如何培养人是体育教育改革的根本问题;以往体育教育注重对学生体质、意志力的培养,忽略了对学生良好体育习惯、体育兴趣的培养,使得体育课程几近成为一种外表光鲜的形式主义;有的学生在简单完成规定体育课程外,几乎足不出户,有的学生爱体育而不爱体育课,这都与体育教育的初衷背道而驰。他表示:陈旧的灌输式体育课侧重对教学的技能和所能承担负荷强度的追求,按部就班地讲解与示范,缺乏课程创新的趣味性;教师模拟示范,学生模仿学习的机械式教学过程往往枯燥无味,每周一次的一对多人的教学也大大减小了学生对体育技巧的掌握和运动兴趣的培养力度;教学形式单一、内容安排不能满足学生需求,体育教学、学生课外体育活动、训练、竞赛等相互脱节,学校体育组织管理乏力,学生爱体育而不爱体育课,学校体育对高校人才培养的贡献度不高等,都是困扰我国高校体育的现实难题。他经常强调:学生是学习的主人,体育教学也不例外;应用型大学的体育课不仅是学校教育教学环节中的一个重要组成部分,还是终身体育精神的具体呈现;现代大学体育要克服就体育论体育的传统思维,不仅要塑体强身,更要培养学生的健全品质;体育课要打破教学工作与学生工作的边界,通过兼具教学和社团双重属性的体育俱乐部吸引学生兴趣、尊重学生个性,要切实解决大学生爱体育而不爱体育课的问题。在他的总体设计下,合肥学院开启了大学体育课程教学俱乐部制改革新征程。

三、初期构想

合肥学院始终坚持地方性、应用型、国际化办学定位,借鉴德国应用科学大学办学经验,围绕应用型人才培养关键要素,进行系统改革和实践,构建具有鲜明特色的应用型人才培养体系,为区域发展培养高素质应用型人才。围绕办学定位,合肥学院体育课程教学俱乐部制改革将终身体育理念贯穿于体育教学全过程,把弘扬体育精神、培养健康意识、学会健身方法、养成锻炼习惯作为体育教学的根本任务,坚持以学生为中心、以需求为导向、能力培养、全面发展总体思路。

体育课程教学俱乐部制改革之初,合肥学院提出以人为本、健康第一、面向全体、团队学习的基本设想,着眼于学生的全面发展和未来发展。与此同时,学校转变教育观念和管理理念、优化整合教育资源,实现大学体育课程内容个性化、课程形式多样化、课程安排生活化、课程评价过程化、课程管理网络化、课内课外一体化。经过十余年的实践运行,该校改革的指导思想、基本原则、改革目标、改革内容、保障措施等进一步明晰。

在指导思想上，一是全面贯彻党的教育方针，按照《国家中长期教育改革和发展规划纲要（2010—2020）》的要求，以深化学校体育俱乐部制改革为重点、以创新学校体育工作管理体制机制为突破口，进一步优化学校体育资源配置，全面提升体育教育质量，服务学校地方性、应用型、国际化办学定位，切实发挥体育在培养大学生社会主义核心价值观、推进素质教育和培养应用型、复合型人才中的综合作用。二是全面贯彻落实《国务院办公厅关于强化学校体育促进学生身心健康全面发展的意见》要求，以教育部《普通高等学校体育课程教学指导纲要》指导学校体育俱乐部制改革实践。三是全面贯彻执行《国家学生体质健康标准》，在《高等学校体育工作基本标准》基础上，进一步完善学校体育基础设施建设，强化内涵建设，优化资源保障，创造性地开展学校体育工作。

在基本原则上，一是以需求为导向原则：根据高层次应用型人才培养和学生个体发展的需要以及社会体育发展的需求（尤其是地方社会体育发展的需求）合理配置学校体育人、财、物、政策等资源。调动学校体育管理者、教师、学生、利益相关社会团体或个人的积极性、主动性和创造性，强化激励机制，加大激励力度，激发创新创造活力。二是遵循规律原则：根据高校体育工作的特点和体育教育规律，完善管理政策，简化管理流程，改进管理方式，提高管理效率。推进管理扁平化，破除体制机制障碍，重点落实体育工作管理主体责任和相关权利、义务，实现体育行政资源向基层教学单位倾斜，扩大一线管理部门的自主权。提高政策执行的及时性和有效性，为学校体育管理者、教师、学生创造良好的政策制度环境。三是开放共享原则：构建由师生、院（系）、社会广泛参与，体育资源和发展成果共享的学校体育教学、训练、竞赛、群体活动等管理体系，充分发挥学生体育俱乐部、教师体育协会、地方政府、企事业单位、社会组织等在学校体育工作中的积极作用，实现合作共赢。

在改革目标上，基本形成体系健全、制度完善、充满活力、注重实效、具有合肥学院特色、可持续发展的学校体育工作格局；基本实现以校体育部为主导，校体育俱乐部联盟、各单项体育俱乐部、各院系、校学工部、团委以及社会力量共同参与的高校体育工作管理体制机制；学校体育办学条件总体达到或超过国家基本标准，学生体育课时和锻炼时间得到切实保证，教学、训练与竞赛体系基本完备，体育教学质量明显提高；学生体育锻炼习惯基本养成，运动技能和体质健康水平明显提高,规则意识、合作精神、意志品质显著增强;部分具有体育特长的学生成为体育专业人才或准专业人才,以服务学校体育和社会体育事业的发展。

在改革内容上,一是成立合肥学院体育运动与健康促进委员会,统筹协调全校学生体育俱乐部、各院系、校工会体育与健康工作。委员会主任由校领导担任,委员由学生处、体育部、团委、工会、教务处、财务处负责人以及各院系分管学生工作的主要领导担任。二是将合肥学院公共体育教学部更名为合肥学院体育与健康教育教学部,简称"体育部"。加快转变体育部工作职能,由单纯的体育教学部门向学校体育与健康教育综合管理部门转变,重点加强对各院系学生体育运动与体质健康工作的监督、指导、评价职能。三是将校学生体育俱乐部联盟、各单项体育俱乐部等学生体育工作的主体,归属校体育部管理。各院系学生会体育部是学校体育工作不可或缺的重要力量,业务上接受校体育部指导,在完成所属院系学生体育工作的同时,配合校体育部完成学校体育工作。四是加强俱乐部制下的大学校园体育文化建设。整合学校、院系体育管理资源,建立以学校体育部为主体,体育部、学生处、团委齐抓共管的校园学生体育工作管理体制机制,全方位管理学校学生的体育工作,合力营造学校体育文化氛围。五是进一步加强学生体质健康测试工作的组织领导,建立健全以体育部为主导,体育部、学工部、各院系一条龙的学生体质健康指导、培训、监测、评价、反馈管理工作体系。成立合肥学院学生体质健康监测咨询中心,配备相关设备及人员,提高学生体质健康监测、预警、决策工作水平。将体质健康测试工作计入体育教师工作量。六是充分利用体育俱乐部平台,通过丰富多彩的学生体育文化活动,大力弘扬社会主义核心价值观,加强大学生行为规范、文明素养教育和诚信体系建设。培养大学生良好的道德人格、意志品质、规则意识和团队精神。在健全相关制度的基础上,简化有关学生奖惩的审批流程,提高相关制度执行的及时性和有效性。七是立足学校现有条件,在保证俱乐部会员活动及管理工作质量的前提下最大限度地发展各俱乐部初、中、高级会员,扩大会员覆盖面。会员发展坚持自愿原则,对未加入或尚不具备入会条件的学生按教育部《普通高等学校体育课程教学指导纲要》《高等学校体育工作基本标准》要求开好开足俱乐部准会员课程,将非会员学生的培养纳入俱乐部会员发展的整体规划。八是鼓励学有余力、有条件、有能力的学生参与俱乐部联盟及各体育俱乐部的管理、培训与志愿服务工作,发挥俱乐部平台的育人功能,培养学生社会服务意识和管理能力,提升他们的综合素质。俱乐部学生管理干部享有校级学生干部、团干评奖评优同等权利。九是加强体育俱乐部制下大学体育教学、训练、竞赛、群体活动等质量保障与课程评价体系建设与研究,提高教学质量与学校体育工作管理水平。加强学校体育综合治理,教务处要制定相关政策,加强招生宣传,引导在运动技能上有一技之长、经过专业或准专业训练、取得一定运动等级或成绩的学生积极报考本校,同等条件下优先录取,整体提高学校体育运动水平。十是依托校体育俱乐部课程平台,探索构建符合学校办学定位的复合型人才培养体系。与省市体育局合作培养社会体育指导员;根据《安徽省高校联盟学生修读辅修专业、双专业和双学位实施办法(试行)》,先行开设体育辅修课程并纳入学校规定的辅修课程模块,对完成体育辅修模块学习的学生,教务部门应认定其学分并颁发合肥学院辅修课程证书。十一是整合社会资源支持学校体育。完善政策措施,建立社会力量支持学校体育工作长效机制。鼓励通过政府、企业、社会团体、校友会等渠道,引入资金、技术、人才等资源服务学校体育俱乐部发展。根据国务院办公厅《关于强化学校体育促进学生身心健康全面发展的意见》精神,鼓励优秀教练员、退役运动员、社会体育指导员、有体育特长的志愿人员到校兼任体育教师,根据其实际运动技术水平和教练水平给予相应职级课酬。十二是落实国际化办学定位,加强学校体育国际交流。加强体现中国文化特色的传统体育项目俱乐部建设,积极接受国(境)外体育团体或高校夏令营来校开展体育交流,并选派体育代表团(队)、体育教师或管理人员参与国际体育培训、竞赛或交流等,重点加强与港澳台地区合作院校体育人文交流,增进友谊,扩大影响。十三是重视教体结合工作,拓展与省市体育系统专业队合作培养路径,探索省级专业运动队与高校体育部门深度合作的"嵌入式"高水平运动队人才培养模式。引入高水平教练员、运动员充实学校体育俱乐部教练员队伍,合作培养体育人才,扩大学校体育工作影响,提高体育运动技术水平。

在保障措施上,一是修订完善学生综合素质测评相关评价标准,切实提高体育与健康素质分值在综合评价中所占的比重。将学生体质健康水平与学生综合素质测评、评奖评优、各院系学生体育工作考核结合起来,引导学生积极参加体育锻炼。二是制定相关政策,保护学生参与校体育代表队训练热情,弘扬体育精神,鼓励为校争光。制定普通大学生体育竞赛获奖学分及奖励办法。各院系对代表学校参赛、训练的学生要在不违反相关原则的前提下在学业学分上予以奖励。三是鼓励体育教师进修和重点引进专业教师相结合。根据体育俱乐部发展和服务社会需要,有计划引进专业人才和安排教师进修,不断加强师资队伍建设,努力拓展新的体育运动项目,培育发展新的体育俱乐部,丰富校园体育文化。四是重视加强学生体育俱乐部、俱乐部联盟工作的监督、指导与管理,安排专人指导体育俱乐部联盟及各体育俱乐部开展活动,协调各院系学生参加体育活动。学校每年向体育部划拨学生体育活动专项经费用于支持学生体育俱乐部联盟、各体育俱乐部及各院系学生会体育部工作。五是加强体育俱乐部制下的大学体育教学、训练、竞赛、课外群众性体育活动以及体育辅修课程一体化研究,制定符合体育俱乐部制改革实际的体育教师工作量计算、竞赛等级认定、第二课堂奖励等办法,推动体育俱乐部制改革健康、可持续发展。六是加强学校体育场馆管理。坚持管用结合,由体育部负责学校体育场馆的管理与使用。推进管理扁平化,提高管理效率,更好地服务师生和地方。负责场馆管理的物业公司接受校体育部业务指导并完成体育部下达的工作任务,体育部对相关物业公司负有监督、指导、评估的职责,直接参与学校组织的相关物业公司的招标遴选、年度考核。七是进一步改善、优化体育俱乐部场馆设施条件。加强相关软硬件建设,提升体育教学、训练、竞赛以及群众性体育活动的条件和管理信息化水平。进一步完善具有自主知识产权的体育俱乐部计算机管理系统,实现与教务管理系统无缝对接。

第二节 改革方案的总体框架

合肥学院公共体育教学单位早期隶属基础教学部。2005 年在安徽省高校中率先创建了大学公共体育俱乐部制教学新模式,2007 年 12 月,合肥学院大学体育课程教学俱乐部制改革实施方案正式形成,在管理模式、组织架构、课程设置、教学内容、教学评价、活动形式、活动时间以及体育竞赛管理等方面作出相应设计。总体框架如下。

一、管理模式

管理模式由以教研室为中心向以俱乐部为中心转变,各单项运动俱乐部在俱乐部管理中心的统一领导下,独立地组织开展教学、训练、比赛、讲座以及宣传等工作(见图5-1)。

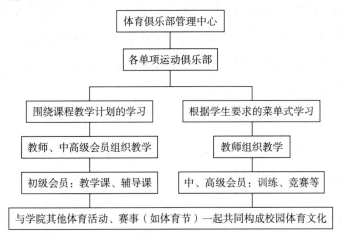

图5-1 俱乐部管理模式示意图

二、组织架构

(一)俱乐部管理中心

由基础部、教务处、学生处、团委、校学生会等相关部门人员组成合肥学院体育俱乐部管理中心,统一管理、指导各俱乐部开展教学、辅导、训练、竞赛等工作。中心设主任一名、副主任两名、委员若干。

(二)俱乐部

根据学校所能开设的体育课程成立14个体育俱乐部,分别为篮球俱乐部、排球俱乐部、足球俱乐部、网球俱乐部、乒乓球俱乐部、健美操俱乐部、健美俱乐部、武术俱乐部、跆拳道散打俱乐部、击剑俱乐部、体育舞蹈俱乐部、定向运动与野外生存俱乐部、瑜伽俱乐部、有氧健身跑俱乐部等。基础教学部还可根据学生的要求,在体育场地、器材、师资条件允许的情况下开设新的体育课程、成立新的体育俱乐部。各俱乐部南、北校区分设主任、副主任各一名,分管宣传部、竞赛部、外联部、后勤部、培训部的委员各一人。

（三）俱乐部会员

俱乐部实行三级会员制，即初级会员、中级会员、高级会员。凡选择某项目俱乐部课程、对该项目感兴趣、运动基础较差的学生为初级会员；凡选择某项目俱乐部课程、对该项目感兴趣、运动基础较好的学生为中级会员；凡选择某项目俱乐部课程、对该项目感兴趣、运动能力突出、在教练指导下能够担任俱乐部课外辅导任务的学生为高级会员，俱乐部管理中心指定或通过选举任命的学生管理干部均为高级会员。三、四年级学生可凭会员证参加俱乐部组织的各种竞赛、表演、辅导等活动。

（四）俱乐部教练

俱乐部教练由基础部大学体育教研室教师、院内兼职教师、外聘教师、专业教练员、高水平运动员担任。

三、课程设置

（1）一、二年级学生必须以某等级会员身份加入俱乐部，每周至少参加该俱乐部组织的活动3次以上（含教学、训练、辅导课），成绩考核实行学期评价制，1学分/学期，共4学分。

（2）一、二年级中级、初级会员俱乐部课程教学实行随机组班制，即学生每周可根据所选俱乐部教练的上课时间安排表，自由选择上课时间。

（3）三、四年级中、高级会员可选择继续参加俱乐部的训练、竞赛等活动课，实行学年评价制，1学分/学年，共2学分。

（4）三、四年级不参加某特定俱乐部的学生必须完成3次/周、54次/学期的课外体育锻炼（校外实习除外）。完成情况作为学生综合体育素质测评的主要依据。

（5）一、二年级学生的俱乐部教学、训练、比赛以及辅导均采用校园一卡通刷卡考勤的方式进行管理。班级构成俱乐部化，即学生在一周时间内，在自己所选择的教师上课课表的任一时间均可刷卡上课。三、四年级学生课外体育锻炼亦必须在运动场馆的指定地点刷卡确认。

四、教学内容

(一)围绕课程教学计划的学习(套餐式学习)内容

围绕课程教学计划的学习内容指教师根据学校体育教学大纲、教学计划所组织的学习,面向俱乐部初级会员。

(二)菜单式学习内容

菜单式学习内容指教师根据俱乐部会员的不同要求有针对性地安排训练、专题讲座、竞赛等形式的个性化学习,主要面向中高级会员。

五、教学评价

(一)会员考核标准

会员考核标准原则上由体育教研室会同各俱乐部主任、委员、学生代表共同制定,重点对学生的学习过程、参与度、成长性和健康素质进行考核。

实行学分制以后,通过奖励学分的办法鼓励更多更优秀的有运动天赋的学生加入校体育代表队,为学校争光。对于文化基础较差的特招高水平运动员学生,也可以此激励他们刻苦训练,取得优异成绩。

(二)教师、教练员考核方法

教师、教练员考核主要通过学生网上评教、同行专家听课等方法进行综合评价。

六、俱乐部活动的基本形式

(一)俱乐部招收新会员

俱乐部结合新生入学教育招收新会员,安排在每学年第一学期的第1～3周。

(二)教学课

教学课分为小班课和大班课两种,对象为普通会员。小班课,人数为40人左右,由教师担任教练;大班课,人数80～300人,根据各项目教学特点确定教学内容,如晨练健美操、有氧健身跑、晨练武术,由教师、高级会员担任教练。

（三）训练课

训练课对象为中级会员,由教师担任教练。

（四）活动课

活动课对象主要以中高级会员为主,有主题的俱乐部竞赛、讲座、观摩、交流活动等。

（五）辅导课

辅导课对象为普通会员,由中高级会员担任教练。

（六）承办院内单项体育赛事、俱乐部赛事

（七）体育文化传播

（八）会员大会

七、俱乐部活动时间

（一）俱乐部招新

每学年第一学期第 1～3 周,特殊情况也可在学期中进行。

（二）教学课

早晨	6:00～7:00（春夏季）
	6:30～7:30（秋冬季）
上午	10:00～11:30
下午	14:00～15:30　16:00～17:30
晚上	19:00～20:30

（三）训练课

周一至周五下午	18:00～20:00
周六、日上午	9:00～11:00
周六、日下午	15:00～17:00

（四）活动课

周一至周五下午　俱乐部自定

周一至周五晚上　俱乐部自定

周六、周日全天任一时段,时间不少于 2 小时

（五）辅导课（俱乐部自定）

早晨　　　　　　6:00～7:00

下午　　　　　　　16:00～17:00(秋冬季)
　　　　　　　　　17:00～18:00(春夏季)

（六）比赛与交流（略）

（七）体育文化传播（略）

（八）会员大会：在每学期开始和结束阶段进行

八、体育竞赛管理模式

为配合学校大学体育课程教学俱乐部制改革，整体规划学校各级各类体育赛事，采取固定赛季时间和比赛项目的方法，使竞赛活动常态化，形成制度，使学生有目的地围绕比赛进行准备性训练，以赛促练，既调动学生开展课余体育锻炼的积极性，又有利于竞赛的组织和管理，制定如下体育竞赛管理模式（见图5-2）。

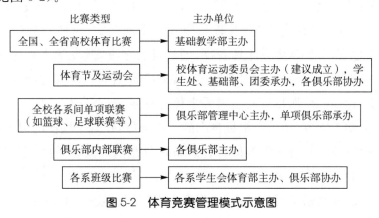

图 5-2　体育竞赛管理模式示意图

第三节　关于改革的认知及启示

一、内在认知

合肥学院自2005年启动体育课程教学俱乐部制改革以来距今已有15个年头，俱乐部也由最初的14个发展到20多个。改革的初始动力源于学校领导层面，是自上而下的灌输式改革，体育教师一度意见很大。由于学校层面的强力推动，改革一直在体育教师的争议、困惑和适应中前行。关于此项改革的内在认知,人民网—安徽频道(2018年6月22日)、教育部官网(2018年9月25日)分别作过相关报道,处于改革一线的教师也有相关论文发表。

此项改革的设计者、推动者蔡敬民认为,合肥学院的实践表明,实行俱乐部制教学,有助于对学生开展兴趣式、启发式、探究式教学,满足学生不同类型、不同层次的需要,有助于学生发挥积极性和主观能动性,提升自我意识、团队意识、合作意识等,有助于学生养成良好体魄,锤炼坚强意志和品格,实现全面发展。蔡敬民在接受采访时如是说:体育课程教学俱乐部制改革是践行我校应用型人才培养目标任务的一项重要内容,要想方设法让更多的学生参与到体育运动中来,塑造他们健康的体魄和健全的人格,培养他们吃苦耐劳的意志品质和团队协作的体育精神,也帮助少数学生找回勇敢、自尊、自信、诚心、爱心、责任心。教学无止境,我们改革的脚步永不停歇。

此项改革的执行者、支持者许大庆(合肥学院现任体育部主任)在接受采访时介绍:课程化是合肥学院体育俱乐部制改革的关键词,其核心理念是从上好体育课到培养体育习惯,其教学模式是由灌输式、机械式到任性选择。通过理念之变,引导学生爱上体育课;通过课程之变,激发学生兴趣;通过体制之变,打破部门分治;通过管理之变,破解师资困局。他认为,改革改变了很多学生,让他们从懒得运动变得爱上体育课了,改革实行的是等级会员制教学,学生初入学校,便可以根据自己的兴趣爱好,在各个层次的俱乐部中作出任意选择;改革解决了学校体育管理条块分割的局面,通过成立体育俱乐部联盟,建立教团学一体化体育管理体制机制,体育教学部、团委和学生处实际上已抱成一团,密不可分,进而实现了人力资源、场馆资源和政策资源的共享;改革缓解了体育师资数量不足的矛盾,通过招聘学生助教和管理骨干,不仅从根本上解决了学校体育管理人手不足及学生课外体育活动指导师资力量不足的问题,而且更重要的是实现了学校体育由传统单一渠道的管理向利益相关方综合治理方向的转变。

合肥学院原公体部教研室主任王汝田在《赤峰学院学报(自然科学版)》2013年第10期(第29卷)上发表了题为《高校体育俱乐部教学的实践与反思》一文,该文在阐明了高校体育俱乐部制教学模式的特点与意义的同时,指出了制约体育俱乐部发展存在的问题,并提出了应对的措施。他认为主要存在以下几点问题。一是体育选课系统不在教务系统中显示,势必存在体育教学时间与各系的临时加课、调课和考试安排相冲突的现象,造成学生两难的选择。二是俱乐部联赛与系部比赛的冲突,主要精力放在俱乐部活动上,势必弱化了全校性的活动,俱乐部的活动也限制了广大非会员的参与,影响活动氛围。三是教学时间由学生自主选择,虽然学校给学生按兴趣自主选课提供了充分的选择余地,但一个班学生课选得过于分散,不可避免地造成系部、年级、班级活动时间安排的困难,直接影响学生体育课的出勤,无法保证体育教学效果和质量。四是课程理论研究滞后,无教授和博士,缺乏拔尖课程带头人。针对存在的问题他提出如下应对措施。一是将体育俱乐部选课系统纳入教务系统,可有效解决与其他课程教学时间上的重叠与冲突问题。二是全校性的活动和竞赛必然会引起各系部的重视和全体学生的关注,应以全校性的活动为契机,推动俱乐部活动的开展。三是学生在自由选择教师、项目的同时,在教学时间的选择上应相对自由,给系部和班级开展活动留有集中统一的时间。四是加大拔尖人才引进力度,并建立校内教师的培养机制,使俱乐部的发展在理论和实践上获得双丰收。

合肥学院教育系教授陈芬萍在《合肥学院学报(社会科学版)》2014年第2期(第31卷)上作为第一作者发表了题为《基于"因需施教"的有效教学模式探究:以合肥学院体育俱乐部教学模式的相关探索为例》。她从课程与教学论的视角对体育俱乐部教学模式作出描述,认为合肥学院体育俱乐部教学模式具有如下特点与优势:一是项目设置的多样性,满足了学生个性化需求;二是师生参与的自主性,形成了和谐的教学环境;三是考评体系的交互性,提升了体育教学质量;四是课程设置的独立性,促进了教师专业发展。在完善体育俱乐部教学模式方面,她提出:一要制定明确的课程目标,二要保证相应的设施建设经费,三要提高教师的专业素养,四要建立教学资源共享联盟。总之,为了最大限度地满足学生的个性化需求,她认为合肥学院在推行体育俱乐部教学模式的过程中,还需在课程目标、资源建设、教师发展等方面作进一步努力。

二、外在认知

合肥学院是中德教育合作的典范,其地方性、应用型、国际化的办学定位以及应用型人才培养体系等在全省乃至全国颇具影响。学校的领导层以及教学、科研、管理等骨干大多有在德学习、研修、交流的经历,对德国体育俱乐部的成熟度及社会化程度很多人有过深刻感受,如此的内部环境自然为学校体育俱乐部教学模式的强力推行提供助力。

合肥学院体育课程教学俱乐部制改革自 2005 年启动即引起省内外高校的极大关注,全省范围有组织的推介会、观摩活动等时有举办,兄弟院校纷纷前往参观学习、考察交流。尤其最近两年,安徽省教育厅先后印发《安徽省教育厅关于在全省高校推行公共体育艺术教育俱乐部制教学改革的意见》(皖教秘高〔2018〕60 号)、《安徽省教育厅关于进一步推进高校公共体育艺术俱乐部制教育教学改革全面提高大学生身心健康水平和艺术修养的通知》(皖教秘〔2019〕489 号),前文明确要求学习借鉴合肥学院实践经验,后文则要求进一步明确目标任务、进一步探索路径方法、进一步夯实质量要求、进一步强化条件保障、进一步加强组织领导。

关于合肥学院体育课程教学俱乐部制改革,业界内外认知不一。业界外部认可度较高,而高校体育界内部则认可度偏低。高校体育部主任层面普遍认为,理论很丰满、现实很骨感,操作的可行性不强。体育教师层面则普遍认为,教师在教学中的主导地位严重弱化,正常的体育教学秩序得不到应有保证,合肥学院实行的体育教学俱乐部自由度有余而约束力不足,实际教学效果只能通过学生的自觉和自律加以实现,而这种必须有的自觉和自律往往是当下大学生的最大缺失。

近两年,安徽省教育厅虽然在全省高校推行、推进合肥学院模式,但实际运行情况不容乐观,众多高校对合肥学院模式持回避或迂回态度。当下的高校体育课,大多采取的仍然是"三自主"选项教学模式,如果非要冠名俱乐部的话,也只是把某某选项更名为某某俱乐部,比如乒乓球选项更名为乒乓球俱乐部、健美操选项更名为健美操俱乐部,等等。业界的基本共识是,俱乐部的真实形态应该存在于课堂教学之外,是隶属于第二课堂的带有社团性质的课余组织;将课堂教学归类于俱乐部活动,学校体育的教会任务将成为一纸空谈。

三、经验启示

合肥学院体育课程教学俱乐部制的改革理念相对比较前卫,在总体规划上设计得也比较全面,可以说在某种意义上戳中了当下高校体育的痛点,这可能正是业界外部认可度较高的重要缘由。然而,深入实地并作实践认证,这一模式的确存在许多无法回避的矛盾与缺陷。

研读合肥学院大学体育课程教学俱乐部制改革实施方案,虽然其整体设计比较周密,但细品俱乐部活动时间就不难发现,教学课、训练课、活动课、辅导课的实际操作很难按部就班,尤其是活动课与辅导课几乎得不到场馆设施的应有保证。可以想象,如果严格执行此实施方案的话,以室内场馆为活动空间的运动项目及场地设施不够充分的运动项目的受益者也只能是小众。也就是说,人们常见的轰轰烈烈的活动场景也可能永远是那些体育技能优等者的舞台,合肥学院所获体育竞赛奖项也是一个佐证。《安徽省教育厅关于在全省高校推行公共体育艺术教育俱乐部制教学改革的意见》(皖教秘高〔2018〕60号)披露,2005年以来,合肥学院有3000多人次获国际、国内省级以上体育竞赛奖项510余项,其中国家级金牌128枚,是安徽省唯一全国高校体育竞赛100强高校。关于所获具体奖项,尚无公开信息。据深入了解,所获奖项大多聚集在小众体育项目范围。比如击剑项目,在该校虽然普及程度不高,但获取国际、国内的大奖最为耀眼,主要原因在于该校击剑俱乐部的高级会员有许多曾为国家及省级层面的击剑选手,以大学生身份参赛优势相对明显。另外,业内人士十分清楚,以全国大学生体协名义组织的许多赛事,参赛面本身就不够宽泛,获奖的含金量大家也自然心知肚明。在纳入省运会板块以田径、篮球、排球、足球、乒乓球、羽毛球、网球、手球、健美操、武术为主要内容的每4年一届的安徽省大学生运动会中,合肥学院的竞赛成绩在全省高校的位次的确十分平平。

合肥学院体育课程教学俱乐部制改革为高校体育摆脱现实困境创设了新的范式,诚如本书在第四章谈及,高校体育有关俱乐部领域的改革,应该正视高校体育的课程性质及改革的基本定位这两个关键性问题。相对深圳大学体育教学俱乐部改革,合肥学院的体育课程教学俱乐部制改革可能更为成熟。合肥学院的相关改革是高校体育必修性质下的教学俱乐部制改革,而深圳大学改革的初衷则是成立完全国外性质的体育俱乐部,可见,合肥学院的改革比较接近中国国情。然而,关于改革的基本定位,合肥学院还存在一定的问题。针对体育课堂,他们仍然未能明确地界定俱乐部仅仅是教学的一种组织形式,是为了教会学生健康知识、基本运动技能、专项运动技能所采用的手段与方法。他们把教学活动与俱乐部活动同等对待,通过教师—高级会员—中级会员—初级会员这个流程实施体育课程,表面看顺理成章,但从实质上分析,需要人(学生、教师等)的高度自觉、物(场馆设施等)的充分满足以及其他有关方面(经费、评价、监控等)的有力保障才能得以实现,而这些正是我国当下高校体育所面临的难题。因此,如何教会初级会员、如何发动中级会员、如何发挥高级会员的带动作用以及如何保障高校体育真实状态的大众参与,既是高校体育俱乐部未来改革的重点,也是高校俱乐部制创新发展与持续发展的关键。

合肥学院体育课程教学俱乐部制改革虽然存在尚待破解的诸多难题,但改革的基本方向值得肯定,其改革实践对我国高校体育改革产生了积极而有力的影响。2018年5月31日,安徽省教育厅印发《关于在全省高校推行公共体育艺术教育俱乐部制教学改革的意见》,要求全省高校学习借鉴合肥学院实践经验,精心组织、系统开展公共体育艺术教育俱乐部制教学改革。2019年12月31日,安徽省教育厅再次印发《关于进一步推进高校公共体育艺术俱乐部制教育教学改革全面提高大学生身心健康水平和艺术修养的通知》,进一步明确要求各高校要以习近平新时代中国特色社会主义思想为指导,全面贯彻落实党的教育方针和全国全省教育大会精神,全面落实立德树人根本任务,坚持健康第一的教育理念,努力构建一体化、不断线的体育艺术学习机制,使学生在体育运动中享受乐趣、增强体质、锤炼意志、健全人格;提出课内与课外相互贯通、兴趣与特长相互融合、训练与竞赛相互促进等的实现路径。

对应2007年形成的合肥学院大学体育课程教学俱乐部制改革实施方案,安徽省教育厅印发的两个文件分别将合肥学院方案中的教学俱乐部制改革调整为教育俱乐部制教学改革与俱乐部制教育教学改革。本书认为,这种调整较为准确地矫正了合肥学院关于体育俱乐部改革的基本定位。安徽省教育厅从教育教学这个宏观层面为高校体育俱乐部的系统改革作出相应规划,进一步明确了教学活动与俱乐部活动既同为一体又各有侧重的目标要求,进一步强化了高校体育课程结构的多元特征以及俱乐部在教会、勤练、常赛中的功能界定。作为高校体育工作者尤其是一线体育教师应该深刻领会其精神实质,既要打破常规又要结合高校体育基本现实积极跟进,努力为新时代我国高校体育俱乐部制创新发展与持续发展增光添彩。

第六章 我国高校体育俱乐部改革的相关研究

我国关于高校体育俱乐部改革的相关研究,主要体现在体育俱乐部、体育教学俱乐部、高校体育俱乐部、高校体育教学俱乐部模式、高校体育俱乐部教学模式、高校体育俱乐部制等相应领域。本章凭借中国知网检索平台,对上述六大领域2020年11月8日之前发表的期刊论文情况按"期刊类别"与"发文年份"两个维度进行统计与分析,评析研究热点,提出未来展望,为新时代我国高校体育俱乐部制的创新发展与持续发展提供全国范围内的改革经验。

第一节 相关研究的文献统计

自20世纪90年代深圳大学开启体育教学俱乐部改革以来,全国各级各类高校关于体育俱乐部领域的改革实践层出不穷,随之而来的相关研究风起云涌。梳理学者们的相关研究成果,不仅可以客观评判我国高校体育俱乐部改革的当下情形,而且能够在一定程度上预示我国高校体育俱乐部制创新发展与持续发展的未来趋向。

本书通过"中文期刊全文数据库—中国学术期刊全文数据库—CNKI中国知网—高级检索"路径,以"主题"或"关键词"为检索条件,以中国知网呈现的期刊论文为检索样本,以2020年11月8日为检索截止时间节点,以高校体育俱乐部为主线,选取与高校体育俱乐部改革关联度相对较高的体育俱乐部、体育教学俱乐部、高校体育俱乐部、高校体育教学俱乐部模式、高校体育俱乐部教学模式、高校体育俱乐部制等重要条目进行统计。统计工作主要围绕"期刊类别"和"发文年份"两个维度的条目数(篇数)具体展开。为了进一步掌握近期的研究信息,对近5年的论文发表情况进行了连续统计。为了更加直观地呈现研究文献的变化情况,按照统计表罗列的时间段将不同类别期刊的发文篇数分别以直方图和折线图的形式进行展示。

一、关于体育俱乐部研究的文献统计

截至2020年11月8日,通过中国知网检索主题或关键词为体育俱乐部的期刊论文共7407篇,发文年份与期刊类别详见表6-1及图6-1A、图6-1B。

表6-1 公开发表主题或关键词为体育俱乐部的期刊论文统计表

发文年份	全部期刊（篇数）	中文期刊（篇数）	外文期刊（篇数）	核心期刊（篇数）	CSSCI期刊（篇数）	备注
全部年份	7407	4458	2949	1004	639	截止时间2020年11月8日
1990年及以前	150	37	113	0	0	
1991—1995	90	39	51	13	0	
1996—2000	245	156	89	61	29	
2001—2005	905	708	197	228	109	
2006—2010	1828	1332	496	337	209	
2011—2015	2182	1275	907	211	168	
2016—2020	2007	911	1096	154	124	
2016	465	228	237	43	31	
2017	468	248	220	39	33	
2018	433	162	271	25	21	
2019	439	185	254	33	26	
2020	202	88	114	14	13	
最早发文时间	1870-05-28	1979-03-02	1870-05-28	1992-08-28	1998-03-25	
最近发文时间	2020-11-03	2020-11-03	2020-09-25	2020-10-21	2020-10-21	

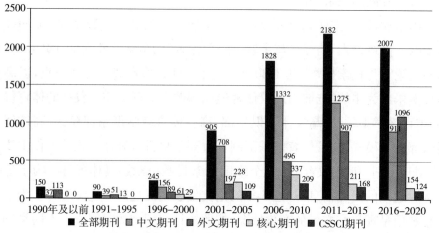

图6-1A 公开发表主题或关键词为体育俱乐部的期刊论文统计直方图

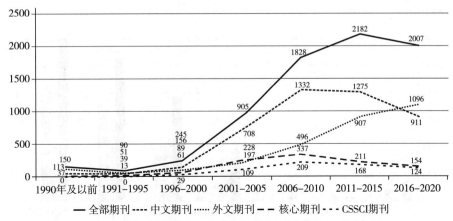

图6-1B 公开发表主题或关键词为体育俱乐部的期刊论文统计折线图

二、关于体育教学俱乐部研究的文献统计

截至2020年11月8日,通过中国知网检索主题或关键词为体育教学俱乐部的期刊论文共3619篇,发文年份与期刊类别详见表6-2及图6-2A、图6-2B。

表6-2 公开发表主题或关键词为体育教学俱乐部的期刊论文统计表

发文年份	全部期刊（篇数）	中文期刊（篇数）	外文期刊（篇数）	核心期刊（篇数）	CSSCI期刊（篇数）	备注
全部年份	3619	1492	2127	154	74	
1990年及以前	79	1	78	0	0	
1991—1995	33	2	31	2	0	
1996—2000	104	39	65	11	9	
2001—2005	383	251	132	53	29	
2006—2010	768	412	356	62	23	截止时间 2020年 11月8日
2011—2015	1056	398	658	20	8	
2016—2020	1196	389	807	6	5	
2016	268	96	172	3	3	
2017	248	82	166	1	1	
2018	281	86	195	1	1	
2019	258	75	183	1	0	
2020	141	50	91	0	0	
最早发文时间	1923-10-27	1987-07-02	1923-10-27	1995-11-15	1998-03-25	
最近发文时间	2020-10-15	2020-10-15	2020-09-25	2019-06-20	2018-02-25	

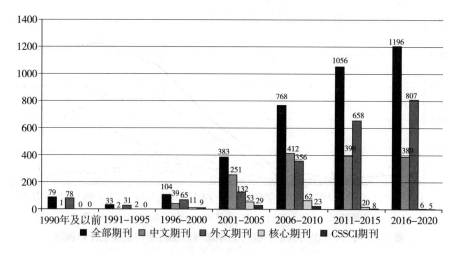

图 6-2A 公开发表主题或关键词为体育教学俱乐部的期刊论文统计直方图

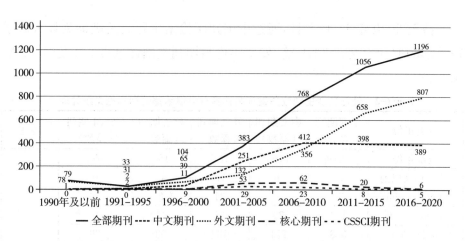

图 6-2B 公开发表主题或关键词为体育教学俱乐部的期刊论文统计折线图

三、关于高校体育俱乐部研究的文献统计

截至 2020 年 11 月 8 日,通过中国知网检索主题或关键词为高校体育俱乐部的期刊论文共 1553 篇,发文年份与期刊类别详见表 6-3 及图 6-3A、图 6-3B。

第六章 我国高校体育俱乐部改革的相关研究

表 6-3 公开发表主题或关键词为高校体育俱乐部的期刊论文统计表

发文年份	全部期刊（篇数）	中文期刊篇数	外文期刊篇数	核心期刊篇数	CSSCI期刊篇数	备注
全部年份	1553	1501	52	176	78	
1990年及以前	2	1	1	0	0	
1991—1995	5	5	0	3	0	
1996—2000	42	42	0	14	7	
2001—2005	334	326	8	67	30	
2006—2010	483	476	7	69	29	截止时间 2020年 11月8日
2011—2015	392	375	17	17	8	
2016—2020	295	276	19	6	4	
2016	79	75	4	3	1	
2017	71	67	4	2	2	
2018	58	52	6	0	0	
2019	52	50	2	1	1	
2020	35	32	3	0	0	
最早发文时间	1987-05-01	1987-05-01	1989-10-01	1995-09-30	1998-03-25	
最近发文时间	2020-10-15	2020-10-15	2020-06-19	2019-06-23	2019-06-23	

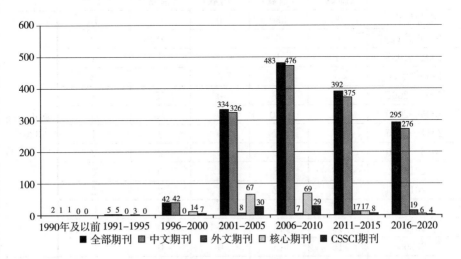

图 6-3A 公开发表主题或关键词为高校体育俱乐部的期刊论文统计直方图

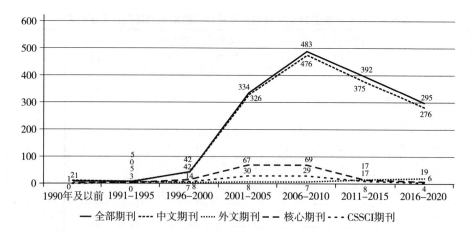

图 6-3B 公开发表主题或关键词为高校体育俱乐部的期刊论文统计折线图

四、关于高校体育教学俱乐部模式研究的文献统计

截至 2020 年 11 月 8 日，通过中国知网检索主题或关键词为高校体育教学俱乐部模式的期刊论文共 380 篇，发文年份与期刊类别详见表 6-4 及图 6-4A、图 6-4B。

表 6-4 公开发表主题或关键词为高校体育教学俱乐部模式的期刊论文统计表

年份	全部期刊（篇数）	中文期刊（篇数）	外文期刊（篇数）	核心期刊（篇数）	CSSCI期刊（篇数）	备注
全部年份	380	380	0	42	19	
1990 年及以前	0	0	0	0	0	
1991—1995	1	1	0	1	1	
1996—2000	5	5	0	3	2	
2001—2005	67	67	0	15	8	
2006—2010	120	120	0	18	5	截止时间 2020 年 11 月 8 日
2011—2015	97	97	0	3	1	
2016—2020	90	90	0	2	2	
2016	18	18	0	0	0	
2017	22	22	0	2	2	
2018	19	19	0	0	0	
2019	16	16	0	0	0	
2020	15	15	0	0	0	
最早发文时间	1995-12-30	1995-12-30	无	1995-12-30	1995-12-30	
最近发文时间	2020-09-23	2020-09-23	无	2017-10-17	2017-10-17	

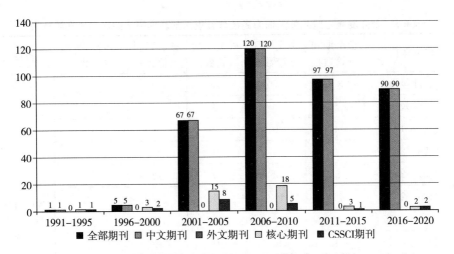

图 6-4A　公开发表主题或关键词为高校体育教学俱乐部模式的期刊论文统计直方图

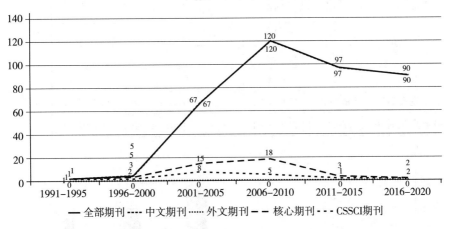

图 6-4B　公开发表主题或关键词为高校体育教学俱乐部模式的期刊论文统计折线图

五、关于高校体育俱乐部教学模式研究的文献统计

截至 2020 年 11 月 8 日,通过中国知网检索主题或关键词为高校体育俱乐部教学模式的期刊论文共 370 篇,发文年份与期刊类别详见表 6-5 及图 6-5A、图 6-5B。

表 6-5　公开发表主题或关键词为高校体育俱乐部教学模式的期刊论文统计表

发文年份	全部期刊（篇数）	中文期刊（篇数）	外文期刊（篇数）	核心期刊（篇数）	CSSCI 期刊（篇数）	备注
全部年份	370	370	0	33	13	
1990 年及以前	0	0	0	0	0	
1991—1995	0	0	0	0	0	
1996—2000	0	0	0	0	0	
2001—2005	55	55	0	12	7	
2006—2010	118	118	0	17	4	截止时间
2011—2015	102	102	0	2	0	2020 年
2016—2020	95	95	0	2	2	11 月 8 日
2016	24	24	0	1	1	
2017	19	19	0	1	1	
2018	18	18	0	0	0	
2019	20	20	0	0	0	
2020	14	14	0	0	0	
最早发文时间	2001-02-15	2001-02-15	无	2001-02-20	2001-02-20	
最近发文时间	2020-10-15	2020-10-15	无	2017-09-23	2017-09-23	

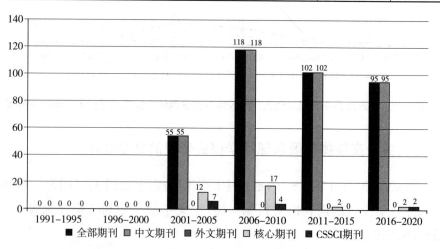

图 6-5A　公开发表主题或关键词为高校体育俱乐部教学模式的期刊论文统计直方图

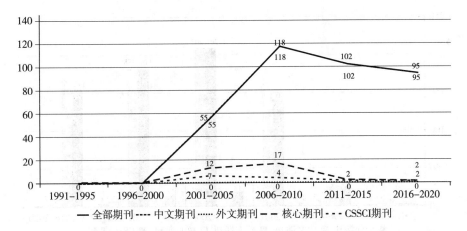

图 6-5B 公开发表主题或关键词为高校体育俱乐部教学模式的期刊论文统计折线图

六、关于高校体育俱乐部制研究的文献统计

截至 2020 年 11 月 8 日,通过中国知网检索主题或关键词为高校体育俱乐部制的期刊论文共 717 篇,发文年份与期刊类别详见表 6-6 及图 6-6A、图 6-6B。

表 6-6 公开发表主题或关键词为高校体育俱乐部制的期刊论文统计表

发文年份	全部期刊（篇数）	中文期刊（篇数）	外文期刊（篇数）	核心期刊（篇数）	CSSCI期刊（篇数）	备注
全部年份	717	717	0	76	41	
1990 年及以前	0	0	0	0	0	
1991—1995	2	2	0	2	1	
1996—2000	24	24	0	7	4	
2001—2005	140	140	0	29	18	
2006—2010	207	207	0	29	13	截止时间 2020 年 11 月 8 日
2011—2015	178	178	0	7	4	
2016—2020	166	166	0	2	1	
2016	37	37	0	1	0	
2017	35	35	0	1	1	
2018	44	44	0	0	0	
2019	29	29	0	0	0	
2020	21	21	0	0	0	
最早发文时间	1995-09-30	1995-09-30	无	1995-09-30	1995-12-30	
最近发文时间	2020-10-15	2020-10-15	无	2017-12-23	2017-12-23	

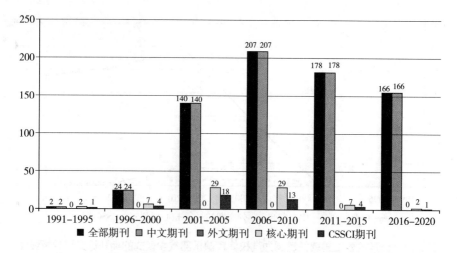

图 6-6A　公开发表主题或关键词为高校体育俱乐部制的期刊论文统计直方图

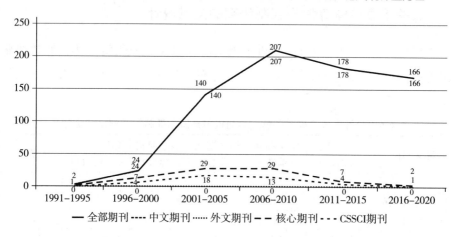

图 6-6B　公开发表主题或关键词为高校体育俱乐部制的期刊论文统计折线图

第二节　相关研究的文献分析

全国出版发行的期刊有万种左右,学术水平及期刊的影响力参差不齐,作者发文动机及研究水平的差异也十分明显。为了相对客观地分析相关研究文献,本书将期刊类别按全部期刊、中文期刊、外文期刊、核心期刊、CSSCI期刊等5种类别予以划分,核心期刊、CSSCI期刊系高端期刊,在影响力上为学界公认,这两种期刊的相关统计数据拟作为文献分析的关键要素。我国高校体育俱乐部改革起步于20世纪90年代,因此,在年份的划分上以1990年为时间节点,1990年及以前作为一个时间段,1990年以后每5年作为一个统计时间段。为了更加准确地掌握近5年的研究情况,本书特将近5年的文献在5年总计的基础上分年度进行了统计并进行相应分析。

一、关于体育俱乐部研究的文献分析

开展高校体育俱乐部改革相关研究,体育俱乐部是一个不容忽视的重要领域。表6-1、图6-1A、图6-1B显示,截至2020年11月8日,公开发表主题或关键词为体育俱乐部的期刊论文,总计7407篇,其中,中文期刊4458篇、外文期刊2949篇、核心期刊1004篇、CSSCI期刊639篇。从年份统计看,1990年及以前,总计仅为150篇,其中,中文期刊37篇(最早发表时间为1979-03-02)、外文期刊113篇(最早发表时间为1870-05-28),具有主流影响的中文核心期刊、CSSCI期刊均未见论文呈现。这说明关于体育俱乐部的研究,国内起步较晚,按照最早发文时间计算,我国在改革开放以后才开始涉及,外文期刊最早发文时间为19世纪的1870年5月28日,中文期刊最早发文时间为20世纪的1979年3月2日,相比国外我国整整滞后了一个世纪有余。

继续分析相关统计数据不难发现,伴随我国改革开放的不断深入,关于体育俱乐部的研究逐渐进入我国学者的视野。20世纪的最后10年,总发文量虽然仅有335篇,但中文期刊的发文量(195篇)接近外文期刊(140篇)的1.5倍。难能可贵的是,具有主流影响的中文核心期刊、CSSCI期刊的发文量分别达到74篇和29篇。进入21世纪,我国关于体育俱乐部的研究更是有了井喷式的进展,2001—2005年、2006—2010年、2011—2015年、2016—2020年(截至2020年11月8日)四个时间段,全部期刊的发文量分别为905篇、1828篇、2182篇、2007篇,总体呈现连续上升态势。从中文期刊的发文量来看,2006—2010年可以视为我国相关研究的高峰阶段,不仅中文期刊的发文量(1332篇)接近外文期刊发文量(496篇)的3倍,而且具有主流影响的中文核心期刊、CSSCI期刊的发文量分别为337篇和209篇。然而值得关注的是,随着时间的推移,外文期刊的发文量逐渐增多,中文期刊的发文量在2006—2010年时间段之后出现拐点,具有主流影响的中文核心期刊、CSSCI

期刊的发文量也在逐渐减少,尤其到了 2016—2020 年时间段,外文期刊的发文量达 1096 篇,已经超过了中文期刊 991 篇的发文量。通过 2016—2020 年时间段的每年统计数据也可以看出,我国关于体育俱乐部的研究虽然温度尚存,但近年来在一定程度上出现了中文期刊发文量下降以及影响力有所减弱等现象。因此,如何深入中国大地,脚踏实地开展新时代中国特色体育俱乐部研究,努力产出有实效、能复制、可推广的研究成果,应该成为我国体育工作者的目标与方向。

二、关于体育教学俱乐部研究的文献分析

综观我国高校体育俱乐部领域的相关研究,体育教学俱乐部相对较早地进入了我国高校的实践操作层面。表 6-2、图 6-2A、图 6-2B 显示,截至 2020 年 11 月 8 日,公开发表主题或关键词为体育教学俱乐部的期刊论文,总计 3619 篇,其中中文期刊 1492 篇、外文期刊 2127 篇、核心期刊 154 篇、CSSCI 期刊 74 篇。其显著特点是,外文期刊的发文量远远超出中文期刊的发文量,达到了 1.43 倍。这种情况的出现说明,关于体育教学俱乐部的研究,中文期刊十分关注,外文期刊的关注度相对更高。从年份统计看,1990 年及以前,发文总计 79 篇,其中中文期刊仅 1 篇(发表时间为 1987-07-02)、外文期刊 78 篇(最早发表时间为 1923-10-27),在发文时间上,外文期刊要早于中文期刊 60 余年,进一步说明关于体育教学俱乐部的研究,外文期刊不仅关注度更高而且起步更早。

1990 年以后的 30 年,我国关于体育教学俱乐部的研究不断推进。1991—1995 年,中文期刊仅发文 2 篇,远远少于外文期刊 31 篇的发文量,不过 2 篇均发在核心期刊上。1996—2000 年,中文期刊上发文 39 篇,虽然仍然低于外文期刊 65 篇的发文量,但在中文核心期刊上发文 11 篇(占比 28.21%)、在 CSSCI 期刊上发文 9 篇(占比 23.08%)。说明 20 世纪的最后 10 年,关于体育教学俱乐部的研究不仅初步呈现较强的影响力,而且引起了我国业界高端期刊的关注。进入 21 世纪以来,中外期刊的发文量均快速增加,尤其是新世纪的头 10 年,中文期刊的发文量已经超过了外文期刊。2001—2005 年,中文期刊发文量 251 篇,是外文期刊 132 篇发文量的近 2 倍,并且在中文核心期刊上发文 53 篇(占比 21.12%)、在 CSSCI 期刊上发文 29 篇(占比11.55%)。2006—2010年,中文期刊发文量412篇,仍然高于外文期刊356篇的发文量,并且在中文核心期刊上发文62篇(占比15.05%)、在CSSCI期刊上发文23篇(占比5.58%)。说明新世纪的头10年,我国关于体育教学俱乐部的研究势头和影响力均相对比较强劲。2010年以后,我国关于体育教学俱乐部的研究出现了拐点。2011—2015年,中文期刊的发文量为398篇,外文期刊发文量为658篇,在中文核心期刊和CSSCI期刊上发文分别为20篇和8篇,所占比例相对较小。2016—2020年(截至2020年11月8日),中文期刊的发文量为389篇,外文期刊的发文量为807篇,在中文核心期刊和CSSCI期刊上发文量仅分别为6篇和5篇。继续分析2016—2020年(截至2020年11月8日)的逐年数据发现,关于体育教学俱乐部的研究总体呈现减弱趋势。在中文核心期刊和CSSCI期刊上的发文量,2016年分别尚有3篇,但2017年以后,每年分别最多1篇,2019年仅在中文核心期刊上发文1篇,2020年(截至2020年11月8日)两类期刊均未见发文。由此可以看出,近5年,我国关于体育教学俱乐部研究的影响力明显下降。

三、关于高校体育俱乐部研究的文献分析

高校体育俱乐部是本书的一条主线,表6-3、图6-3A、图6-3B显示,截至2020年11月8日,公开发表主题或关键词为高校体育俱乐部的期刊论文,总计1553篇,其中中文期刊1501篇、外文期刊52篇、核心期刊176篇、CSSCI期刊78篇。从年份统计看,1990年及以前,总计仅有2篇,其中中文期刊1篇(发表时间为1987-05-01)、外文期刊1篇(发表时间为1989-10-1),均发表在一般期刊上。这说明关于高校体育俱乐部的研究,中文期刊与外文期刊关注的时间起点近乎同步。继续分析1990年以后的统计数据,总体上中文期刊1500篇的发文量占绝对优势,外文期刊的发文量为51篇,仅占总发文量的3.29%。

1990年以后的30年,高校体育俱乐部研究出现3个不同的发展阶段。第一个10年,即1991—2000年,可视为研究的探索阶段。该阶段的总发文量47篇,均发表在中文期刊上,其中核心期刊17篇、CSSCI期刊7篇。也就是说,这一阶段主题或关键词为高校体育俱乐部的期刊论文,超过三分之一发表在中文核心层次的期刊上。由此可以看出,20世纪的最后10年,关于

我国高校体育俱乐部的研究呈现出较强的业界影响力。第二个10年,即2001—2010年,可视为研究的快速上升阶段。该阶段的总发文量817篇,年均达81.7篇,其中2001—2005年的中文期刊发文量326篇、外文期刊发文量8篇、核心期刊发文量67篇、CSSCI期刊发文量30篇,2006—2010年的中文期刊发文量476篇、外文期刊发文量7篇、核心期刊发文量69篇、CSSCI期刊发文量29篇。在这10年里,发表在中文核心层次期刊的论文数达16.65%,由此可以进一步看出,21世纪的头10年,业界关于我国高校体育俱乐部研究的持续关注度较高、影响力较强。第三个10年,即2011—2020年(截至2020年11月8日),可视为研究的转折阶段。该阶段的总发文量687篇,年均68.7篇,其中2011—2015年的中文期刊发文量375篇、外文期刊发文量17篇、核心期刊发文量17篇、CSSCI期刊发文量8篇,2016—2020年(截至2020年11月8日)的中文期刊发文量276篇、外文期刊发文量19篇、核心期刊发文量6篇、CSSCI期刊发文量4篇。该阶段除外文期刊发文量有了少许增加外,其他统计数据均出现不同程度的减少,发表在高端期刊上的论文数下降最为明显,仅占论文总数的3.35%。继续分析2016—2020年(截至2020年11月8日)每个年度的统计数据发现,近5年中文期刊的各项统计数据总体连续下降,2018年、2020年,均无论文发表在中文核心层次的期刊上。由此可以判断,我国关于高校体育俱乐部的研究,虽然热度犹存但其影响力随着时间的推移有所消减。

四、关于高校体育教学俱乐部模式研究的文献分析

高校体育教学俱乐部模式研究可以理解为高校体育教学俱乐部改革实践的一种理论升华。表6-4、图6-4A、图6-4B显示,截至2020年11月8日,公开发表主题或关键词为高校体育教学俱乐部模式的期刊论文,总计380篇,均为中文期刊论文,其中核心期刊42篇、CSSCI期刊19篇,说明关于高校体育教学俱乐部模式的研究并不为外文期刊所关注。从年份统计看,1990年及以前,尚无期刊论文发表;1991—1995年仅发文1篇,最早发文时间是1995年12月30日(发表于《上海体育学院学报》,作者为上海中医药大学胡建华)。1996—2000年,发文5篇,其中核心期刊3篇(占比60%)、CSSCI期刊2篇(占比40%)。总之,我国关于高校体育教学俱乐部模式的研究,起始

于 1995 年,截止于 20 世纪末,发文总计 6 篇,其中《上海体育学院学报》发文 2 篇、《成都体育学院学报》发文 1 篇、《西安体育学院学报》发文 1 篇、其他期刊 2 篇。由此可以判断,我国关于高校体育教学俱乐部模式的初期研究首先得到了体育类高端期刊的关注。

21 世纪的头 10 年,业界的关注度节节攀升。2001—2005 年,总计发文 67 篇,其中核心期刊 15 篇(占比 22.39%)、CSSCI 期刊 8 篇(占比 11.94%)。2006—2010 年,总计发文 120 篇,接近 2001—2005 年发文量的 2 倍,其中核心期刊 18 篇(占比 15%)、CSSCI 期刊 5 篇(占比 4.17%)。2010 年以后的发文量虽相对比较稳定,但主流期刊的发文量锐减。2011—2015 年,总发文量 97 篇,其中核心期刊 3 篇(占比 3.09%)、CSSCI 期刊 1 篇(占比 1.03%)。2016—2020 年(截至 2020 年 11 月 8 日),总发文量 90 篇,其中核心期刊和 CSSCI 期刊的发文量分别仅为 2 篇。继续分析 2016—2020 年(截至 2020 年 11 月 8 日)的逐年数据发现,关于高校体育教学俱乐部模式研究的关注度和影响力趋于平缓,在中文核心期刊和 CSSCI 期刊上的发文量,除 2017 年分别为 2 篇外,2016 年、2018 年、2019 年、2020 年两类期刊的发文量均为 0 篇。由此可以看出,近 5 年,如同体育教学俱乐部的研究一样,我国关于高校体育教学俱乐部模式研究的影响力明显下降。

五、关于高校体育俱乐部教学模式研究的文献分析

高校体育俱乐部教学模式是高校体育俱乐部改革的重要延伸。表 6-5、图 6-5A、图 6-5B 显示,截至 2020 年 11 月 8 日,公开发表主题或关键词为高校体育俱乐部教学模式的期刊论文,总计 370 篇,均为中文期刊论文,其中核心期刊 33 篇、CSSCI 期刊 13 篇。这说明如同高校体育教学俱乐部模式的研究一样,关于高校体育俱乐部教学模式的研究也不为外文期刊所关注。从年份统计看,我国关于高校体育俱乐部教学模式研究的起步相对较晚,2000 年及以前,尚无期刊论文发表,直到 2001 年才有 3 篇论文呈现。最早 1 篇发表在 2001 年 2 月 15 日的《辽宁体育科技》上(河海大学张华,《高校体育引进俱乐部教学模式的分析与设想》),接下来,有 2 篇分别发表在 2001 年 2 月 20 日的《武汉体育学院学报》(大连理工大学金宝玉等,《我国高校体育教育改革的新模式探讨——大连理工大学体育教学模式的改革实践与思考》)和 2001

年12月30日的《中国体育科技》(浙江万里学院刘守燕等,《高校体育俱乐部教学模式的特色及启示》)上,由此开启了我国高校体育俱乐部教学模式研究之门。

自2001年以来,我国关于高校体育俱乐部教学模式的研究一直处于不断探索阶段。2001—2005年,总计发文55篇,其中核心期刊12篇(占比21.82%)、CSSCI期刊7篇(占比12.73%);2006—2010年,总计发文118篇,其中核心期刊17篇(占比14.41%)、CSSCI期刊4篇(占比3.39%)。2010年以后的发文量虽然变化不大,但高端期刊的发文量明显减少。2011—2015年,总发文量102篇,其中核心期刊和CSSCI期刊的发文量分别为2篇和0篇;2016—2020年(截至2020年11月8日),总发文量95篇,其中核心期刊和CSSCI期刊的发文量均为2篇,尤其是最近3年(截至2020年11月8日),中文核心期刊和CSSCI期刊上的发文量均为0篇。这说明我国关于高校体育俱乐部教学模式的研究也同样存在影响力下降的倾向。

六、关于高校体育俱乐部制研究的文献分析

高校体育俱乐部制是一个颇具系统的研究领域,在20世纪90年代中期时已经引起业界关注,相关研究最早发文时间是1995年9月30日。表6-6、图6-6A、图6-6B显示,截至2020年11月8日,公开发表主题或关键词为高校体育俱乐部制的期刊论文,总计717篇,均为中文期刊,其中核心期刊76篇、CSSCI期刊41篇,说明我国高校体育俱乐部制的研究如同高校体育教学俱乐部模式和高校体育俱乐部教学模式的研究一样不被外文期刊所关注。从年份统计看,1990年及以前,尚无期刊论文发表;1991—1995年,总计发文2篇,均发表在中文核心期刊上,其中1篇为CSSCI期刊论文;1996—2000年,发文24篇,其中核心期刊7篇(占比29.17%)、CSSCI期刊4篇(占比16.67%)。总之,我国关于高校体育俱乐部制的研究,起始于1995年,截止于20世纪末,发文总计26篇,其中核心期刊9篇、CSSCI期刊5篇、其他期刊17篇。由此可以判断,我国关于高校体育俱乐部制的初期研究具有一定的影响力。

21世纪的头10年,我国关于高校体育俱乐部制的研究势头比较迅猛。2001—2005年发文总计140篇,年均28篇,其中核心期刊29篇(占比

20.71％)、CSSCI 期刊 18 篇(占比 12.86％)。2006—2010 年,发文总计 207 篇,年均 41.4 篇,是发文最多的一个时间段,其中,核心期刊 29 篇(占比 14.01％)、CSSCI 期刊 13 篇(占比 6.28％)。2010 年以后的 10 年,研究势头有所减缓,2011—2015 年,发文总计 178 篇,年均 35.6 篇,其中核心期刊 7 篇、CSSCI 期刊 4 篇。2016—2020 年(截至 2020 年 11 月 8 日),发文总计 166 篇,年均 33.2 篇,其中,核心期刊 2 篇、CSSCI 期刊 1 篇。继续分析 2016—2020 年(截至 2020 年 11 月 8 日)的逐年数据发现,在中文核心期刊上的发文量,除 2016 年 1 篇、2017 年 1 篇外,2018 年、2019 年、2020 年的发文量均为 0 篇;CSSCI 期刊的发文量仅为 2017 年 1 篇。由此可以看出,近 5 年,我国关于高校体育俱乐部制研究的影响力下降得尤为明显。

第三节 研究热点及展望

我国关于高校体育俱乐部的首篇中文期刊论文是王悌福 1987 年 5 月 1 日发表在《体育科技》上的《试论我国高校体育发展趋势》,该文立足于高校体育大众化和社会化的趋势,最先预见高校的单项体协将逐步过渡到体育俱乐部,时至 30 多年后的今天,这种预见仍具有前瞻意义。然而,接下来的 7 年里,此项研究销声匿迹。直至 7 年以后,杭州大学的田忠于 1994 年 10 月 30 日、1995 年 9 月 30 日、1995 年 10 月 10 日分别在《浙江体育科学》《四川体育科学》《体育科学》上连续发表 3 篇文章,以课外体育活动为立足点,阐释高校体育俱乐部并就其绩效进行专题研究。高校体育俱乐部改革的最先实践者当推深圳大学,他们于 1994 年率先在全国开启了体育教学俱乐部的改革尝试。从此,我国高校体育教学俱乐部模式与体育俱乐部教学模式逐渐成为研究热点,同时,关于高校体育俱乐部制的教育教学改革也逐渐进入业界及官方关注的视野。

一、研究热点

有关高校体育教学俱乐部模式研究的首篇论文始见于 1995 年 12 月 30 日的《上海体育学院学报》,有关高校体育俱乐部教学模式研究的首篇论文始见于 2001 年 2 月 15 日的《辽宁体育科技》,后者滞后前者 5 年,可以说,后者是在前者基础上的进一步探索与推进。

模式是主体行为的一种方式,也可理解为某种事物的标准形式或使人可以照着做的标准样式,具有一般性、简单性、重复性、结构性、稳定性、可操作性等特征。单从字面看,高校体育教学俱乐部模式与高校体育俱乐部教学模式,仅存"教学"二字的顺序调整之别;但究其实质结构,则相差甚远。前者是"体育教学+俱乐部"结构,其落脚点在俱乐部,意为高校体育教学行为可以视为俱乐部行为,虽然在具体形式上提高了教学的自由度、扩大了教学的自主权、增强了教学的灵活性,但在实际内容上弱化了教学的主体地位,淡化了高校体育课程的必修性质。后者是"体育俱乐部+教学"结构,其落脚点在教学,意为可以借鉴俱乐部的组织形式实施高校体育教学,既在具体形式上体现了教学的自由度、自主权与灵活性,又在实际内容上坚守了教学的主体地位,强化了高校体育课程的必修性质。总之,在我国高校体育俱乐部逐步推进的历史进程中,在新时代中国特色学校体育的现实背景下,体育俱乐部教学模式相对体育教学俱乐部模式可能更加适应我国高校体育教学的具体实践。

对比分析高校体育教学俱乐部模式与高校体育俱乐部教学模式的相关统计数据,印证了我国高校体育俱乐部的相关研究尤其是所谓模式的研究还存在一定误区。表6-4、图6-4A、图6-4B与表6-5、图6-5A、图6-5B的相关数据显示,无论是高校体育教学俱乐部模式还是高校体育俱乐部教学模式,外文期刊均不见文献呈现,这可能与国外高校体育课程的非必修性质有关。由于体育课程的非必修性质,国外高校体育大多以课余形式展开,以教会为目的的体育教学自然不再成为国外高校体育的必要板块及研究领域。我国高校体育是必修课程,目前,教会仍然面临诸多任务,因而决定了体育教学的实施与研究依然是我国高校体育的重要方面。

作为我国高校体育俱乐部改革的研究热点,业界关于高校体育教学俱乐部模式与高校体育俱乐部教学模式的认知还相对比较模糊,学者们习惯将两种模式混为一谈,在具体实践中缺乏清晰界限,影响了我国高校体育改革与发展进程。表6-4、图6-4A、图6-4B显示,截至2020年11月8日,公开发表主题或关键词为高校体育教学俱乐部模式的期刊论文,总计380篇,均为中文期刊论文;表6-5、图6-5A、图6-5B显示,截至2020年11月8日,公开发表主题或关键词为高校体育俱乐部教学模式的期刊论文,总计370篇,也均为中文期刊论文,二者仅相差10篇。将检索条件设置为主题或关键词为高校体育教学俱乐部模式并且主题或关键词为高校体育俱乐部教学模式作进一步检索可见端倪。

表6-7、图6-7A、图6-7B显示,截至2020年11月8日,公开发表此类设置的期刊论文总计达278篇。也就是说,在主题或关键词为高校体育教学俱乐部模式的380篇期刊论文中,有278篇同时包含了高校体育俱乐部教学模式的主题或关键词,占比为73.16%;在主题或关键词为高校体育俱乐部教学模式的370篇期刊论文中,有278篇同时包含了高校体育教学俱乐部模式的主题或关键词,占比为75.14%。由此可见,业界关于高校体育教学俱乐部模式和高校体育俱乐部教学模式的辨识度较低,二者研究的模糊程度较高,其最大缺陷是很多研究人员将高校体育教学俱乐部模式和高校体育俱乐部教学模式混为一谈。

表6-7 公开发表主题或关键词为高校体育教学俱乐部模式
并且主题或关键词为高校体育俱乐部教学模式的期刊论文统计表

发文年份	全部期刊（篇数）	中文期刊（篇数）	外文期刊（篇数）	核心期刊（篇数）	CSSCI期刊（篇数）	备注
全部年份	278	278	0	29	12	
1990年及以前	0	0	0	0	0	
1991—1995	0	0	0	0	0	
1996—2000	0	0	0	0	0	
2001—2005	47	47	0	12	7	
2006—2010	93	93	0	15	4	截止时间2020年11月8日
2011—2015	69	69	0	1	0	
2016—2020	69	69	0	1	1	
2016	13	13	0	0	0	
2017	15	15	0	1	1	
2018	16	16	0	0	0	
2019	13	13	0	0	0	
2020	12	12	0	0	0	
最早发文时间	2001-02-15	2001-02-15	无	2001-02-20	2001-02-20	
最近发文时间	2020-09-23	2020-09-23	无	2017-09-23	2017-09-23	

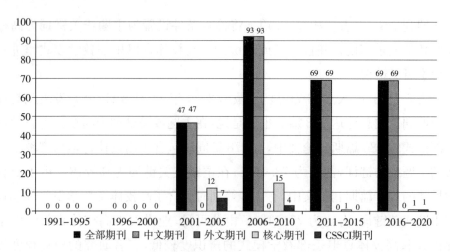

图 6-7A　公开发表主题或关键词为高校体育教学俱乐部模式
并且主题或关键词为高校体育俱乐部教学模式的期刊论文统计直方图

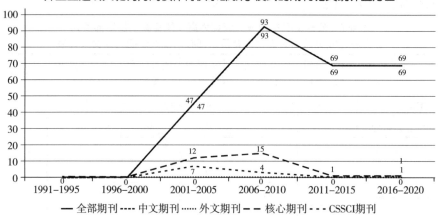

图 6-7B　公开发表主题或关键词为高校体育教学俱乐部模式
并且主题或关键词为高校体育俱乐部教学模式的期刊论文统计折线图

上述中文期刊的检索结果显示，凡与我国高校体育俱乐部改革关联度相对较高的六大研究领域，大都存在基本相同的变化趋势。以 1990 年为时间节点，这些领域的总发文量及核心期刊发文量，在 2006—2010 年之前的 3 个时间段内均处于快速上升期，在之后的 2 个时间段内均处于相对平缓的下降期，拐点均出现在 2006—2010 年时间段。另外，CSSCI 期刊的发文量出现了些许变化，除体育俱乐部领域的研究仍然具备上述变化趋势外，其他 5 个领域发文量的拐点则提前出现在 2001—2005 年时间段，并且在 2010 年以后的时间段下降得特别明显,尤其近 5 年的发文量少之又少。两个热点研究领域的统计结果再次印证了这种变化趋势(见表 6-7、图 6-7A、图 6-7B),说明我国高校体育俱乐部改革的相关研究在本世纪的头 10 年处于一个相对积极的活跃期,随着时间的推移,高端期刊有关相关研究的关注度大幅降低。两个热点领域的研究界限模糊不清,进一步说明我国高校体育俱乐部改革的相关研究仍然处于不够成熟的探索阶段。

关于我国高校体育教学俱乐部模式的研究,合肥学院汤攀在《长春大学学报》2020 年(第 30 卷)第 6 期上发表了题为《我国普通高校公共体育教学俱乐部模式研究述评》一文,检索结果显示,该文的主题或关键词专属高校体育教学俱乐部模式这个热点领域,也是该领域时间最新的一篇述评性文章。该文认为,关于高校体育教学俱乐部模式的研究,学术关注度较高,研究成果比较丰富,但存在研究的学者成分单一、持续研究者数量不足、理论研究滞后于实践开展以及可行性与现状研究较多、长效保障机制与评价考核办法探讨不足等问题。高校体育俱乐部的核心是体育教学、训练、竞赛与活动的有机结合,基于此,该文建议:一要建立校领导牵头多部门协作的高校体育俱乐部改革机制;二要打破校内部门分制现状,创设教团学一体化体育俱乐部管理体制;三要培养体育俱乐部学生助教和助管,开发体育俱乐部信息化管理平台;四要因校而异地制定并落实高校体育俱乐部长效运行保障机制与激励政策。

关于我国高校体育俱乐部教学模式,首都体育学院骆秉全等学者研究认为,该模式是根据高校人才培养的目标,结合大学生对体育教学的需求,充分发挥学生的体育才能、兴趣与爱好,帮助学生掌握长期从事锻炼身体的技能与方法,并把这种习惯长期延续下去,实现学校体育向终身体育过渡,为终身健康奠定基础的一种以俱乐部形式组织进行的体育课教学。傅振磊、莫少强在《我国大学体育俱乐部教学模式的回顾、反思与出路》(《广西社会科学》,2018 年第 2 期)一文中认为,我国大学体育俱乐部教学改革的现实状况呈现异化现象。一是体育俱乐部教学被边缘化。在体育俱乐部教学实践中,以教师组织学生参与、教师监督学生活动为主,学生的体育兴趣、参与积极性无法发展到所期望的程度,出现刷卡锻炼替代体育教学等不良现象。二是面临竞技化和娱乐化的两难选择。在健康第一、快乐体育理念的影响下,我国大学体育教学出现轻竞技重娱乐的异化现象,但面对学生体质不升反降的社会现实,让学生熟练掌握1~2项体育运动技术的观点又逐渐被我国高校体育工作者所接受,体育俱乐部教学也因此受到来自各方的一些非议。

总之,作为我国高校体育俱乐部改革的研究热点,无论是高校体育教学俱乐部模式还是高校体育俱乐部教学模式,其实都还处在不够协调的遐想状态。摆脱高校体育的现实困境,不仅需要相对成熟的改革模式,而且需要适合国情的中国方案。坚定促进青少年健康发展目标要求,瞄准教会、勤练、常赛根本任务,坚持一体化设计、一体化推进基本原则,将是新时代我国高校体育俱乐部制创新发展与持续发展的理想选择。

二、未来展望

2018年5月31日,安徽省教育厅印发《关于在全省高校推行公共体育艺术教育俱乐部制教学改革的意见》(皖教秘高〔2018〕60号),从省级教育主管部门层次率先推出公共体育艺术教育俱乐部制教学改革。2019年12月29日,安徽省教育厅再度印发《关于进一步推进高校公共体育艺术俱乐部制教育教学改革全面提高大学生身心健康水平和艺术修养的通知》(皖教秘〔2019〕489号),明确将公共体育艺术教育俱乐部制教学改革调整为公共体育艺术俱乐部制教育教学改革。从公共体育艺术教育俱乐部制教学改革到公共体育艺术俱乐部制教育教学改革,虽然只是将教育二字从俱乐部制前调至俱乐部制后,但在实质上反映出安徽省级教育主管部门的务实精神以及关于高校公共体育艺术俱乐部制的改革与发展理念。作为大学生受益面最大的公共类课程,体育也好,艺术也罢,通过俱乐部制实施教育教学并进行系统改革,符合一体化设计、一体化推进基本原则。

高校体育俱乐部制是在高校体育俱乐部基础上的进一步拓展,如果把高校体育俱乐部理解为高校里的一种组织、一个场所的话,那么高校体育俱乐部制就是这种组织与场所的综合展现。高校体育俱乐部制彻底摆脱了高校体育俱乐部总是局限于教学的不利局面,体现的是高校体育的大课程观,进一步明确体育俱乐部不仅存在于高校体育教学、训练、竞赛以及课余活动的各个环节,而且贯穿于高校体育的全过程。针对体育教学与训练,高校体育俱乐部制侧重的是通过俱乐部这种组织形式完成教会与提高任务。针对体育竞赛与课余活动,高校体育俱乐部制侧重的是检验俱乐部成员勤练与常赛成果。总之,实施高校体育俱乐部制教育教学改革,有利于课内与课外一体、校内与校外结合、学校体育与终身体育衔接,进而通过体育俱乐部这个载体实现高校体育人才培养目标。

  我国进入社会主义新发展阶段,值此第一个百年奋斗目标如期实现之际,贯彻新发展理念,构建新发展格局,着力推进高校体育俱乐部制创新发展与持续发展,是新时代我国高校体育进入新境界、取得新成果的重要举措。面对体育教学俱乐部模式与体育俱乐部教学模式在我国高校当下的存在形态以及尚未实现的理想预期,结合高校体育俱乐部制教育教学改革,以下三个方面的研究有待深入。一要全面加强高校体育课程结构的相关问题研究。高校体育俱乐部制为高校体育课程多元化结构释放出无限空间,我国各级各类高校应结合自身实际探索课内与课外一体、校内与校外有机结合体制机制;高校体育课程的必修性质体现中国特色制度优势,结合高校体育俱乐部制教育教学改革,合理调配教学、训练、活动及竞赛的必修学时进而实现高校体育的最大功效值得关注。二要全面加强高校体育教师角色定位的相关问题研究。实施高校体育俱乐部制教育教学改革,标志着高校体育教师的角色不再单一。通过体育俱乐部形式组织课堂教学,其角色是教师,以体育俱乐部为载体开展课余训练、课余运动及竞赛活动等,体育教师则同时兼具了教练员、指导员和裁判员的角色。在新时代我国高校体育实行俱乐部制的宏观背景下,高校体育教师如何适应角色转变进而做到不失位、不缺位、不越位值得关注。三要全面加强高校体育俱乐部的社会一体化问题研究。高校体育俱乐部制为我国高校体育俱乐部突破校园、融入社区并最终实现社会一体化提供经验,积极开展社会体育俱乐部调查研究,以在校师生和毕业校友为纽带,不断探索高校体育俱乐部与社会体育俱乐部融合机制进而最大限度地实现高校体育与终身体育无缝衔接值得关注。

第七章　国外体育俱乐部及学校体育的发展与启示

欧、美、日、韩等国的体育俱乐部相对比较成熟，在世界范围具有一定影响力。本章重点介绍德国体育俱乐部、德国体育俱乐部与学校体育的关系以及德国高校体育俱乐部的发展，美国高校体育俱乐部、美国高校体育俱乐部教学模式以及美国高校体育俱乐部的发展，日本体育俱乐部、日本中小学体育及其俱乐部以及日本高校体育俱乐部的发展，韩国体育俱乐部以及韩国高校体育的发展等情况。国外体育俱乐部及学校体育的发展与启示，可为新时代我国高校体育俱乐部制的创新发展与持续发展提供国外经验。

第一节　德国体育俱乐部及学校体育的发展与启示

德国是体育俱乐部十分普及的国家，三分之一左右的公民为在册体育俱乐部会员。德国的竞技体育、群众体育和学校体育等均以俱乐部体制为基础，尤其在群众体育和全民健身方面，德国的体育俱乐部更是发挥了积极而有效的作用，体育俱乐部会员在德国几乎成了参加体育锻炼的代名词。

一、德国体育俱乐部

德国体育俱乐部最早出现在 19 世纪初，被称为德国体操之父的弗里德里希·路德维希·杨(1778—1852)，建立了会员制的体操训练小组，以此促进德国年轻人的体操练习，这是德国体育俱乐部的雏形。1816 年，德国第一家体育俱乐部"汉堡 1816 体操俱乐部"(die Hamburger Turnerschaft von 1816 e.V.)正式成立，这家体操俱乐部是德国最具历史、最现代化的体育俱乐部之一。

德国的体育俱乐部绝大多数属于注册协会，根据德国的协会法，作为法人的注册协会具有法律行为能力，其主要特点就是非营利性。这类协会的名称中都带有"e V"，即注册协会的德文缩写。德国体育俱乐部有较长的发展历史,有 8% 的体育俱乐部在 1900 年之前建立,有 23% 的体育俱乐部在东西德合并之后建立。1990 年东西德合并,原东德体育俱乐部的加入使德国体育俱乐部的总数增加了近 7000 个。进入 21 世纪,德国的体育俱乐部的发展基本上达到了平衡。目前,德国有 90000 多个体育俱乐部,其中 2013—2014 年德国官方统计的注册俱乐部有 88900 个,会员人数超过 2700 万。作为一种松散的自由团体,德国体育俱乐部具有成员资格自由、以成员的利益为准则、不依赖第三者、义务参加工作和民主决策制五大结构特征,在其协调运转中又表现出团结合作、角色分配、非正式控制、协调自治和通过人际关系树立形象五类行为特征。德国的体育俱乐部是德国竞技体育、大众体育、休闲体育和保健体育的重要基石。德国奥林匹克体育联合会(DOSB)是德国体育的最高管理机构,基层体育俱乐部及其会员通过不同层次(州、地区和城市)的专业协会和体育联合会直接或间接地接受其管理。

德国体育俱乐部的规模大小不一,按会员人数可以分为小型(100 人以内)、中小型(101~300 人)、中型(301~1000 人)和大型(1000 人以上)4 种。按俱乐部数量计算,小型和中小型体育俱乐部是主要部分,占总数的 70% 左右。按会员数量计算,参加大型和中型俱乐部的人数更多,占体育俱乐部会员总数的 70% 以上。德国最大的体育俱乐部是拜仁慕尼黑足球俱乐部,拥有会员百万以上,在全世界可以排到第 5 位。在大众体育和全民健身方面,德国的体育俱乐部发挥了举足轻重的作用。无论俱乐部的规模如何,即便是职业体育俱乐部,其中也有许多普通会员,这些会员只需缴纳一定的会费,即可利用俱乐部的运动设施从事锻炼,并可代表俱乐部参加各个级别的比赛,在享受运动乐趣的同时达到健身的目的。按会员的年龄段计算,青少年(7~18 岁)的比例最高,超过 60% 的青少年都是体育俱乐部的会员。这个数字一方面说明体育俱乐部在德国的普及程度,另一方面也可以看出体育俱乐部对德国学校体育的促进作用。

二、德国体育俱乐部与学校体育的关系

德国的普通高校体育不是必修课程,这里的学校体育(Schulsport)是指德国的中小学体育。根据乌珀塔尔大学 Balz 教授在其《体育教育学》一书中的叙述,德国的学校体育发展经历了 5 个阶段。一是德意志帝国时期的学校

体操阶段(1871—1918)，该阶段以19世纪中期体操课进入学校为主要标志，目的是培养健康的、适合战斗的、驯服的臣民。二是魏玛共和国时期的身体锻炼阶段(1919—1933)，该阶段以奥地利体育教育家高尔霍费尔(1885—1941)为代表提出的自然体操为主要标志，该时期的学校体育是自然体操和传统体操的混合，健身操、舞蹈、体操和现代竞技运动项目并存，目的是满足儿童在运动方面的需要。三是纳粹统治下的身体训练阶段(1934—1945)，该阶段以纳粹时期将学校体育变成政治需要为主要标志，从1937年开始每天5个小时的身体训练成为学校最主要的课程，不再有体操课，取而代之的是搏击、越野行军、射击和野营等军事训练，目的是强化军国民主义思想。四是分裂时期的身体教育阶段(1946—1970)，该阶段以战后东、西德完全不同的身体教育为主要标志，西德的身体教育建立在学校整体教育中不可缺少的一部分的理念基础上，而东德身体教育的目的在于提高运动成绩和培养社会主义人格。五是当今世界的学校体育阶段(1971—)，该阶段以学校体育开始向校外发展为主要标志，目的是通过动机和能力培养为终身体育观念及实践培育打下基础，注重运动行为能力的培养成为德国统一后学校体育的共识。

德国是联邦制国家，在国家监督的基础上各联邦州享有较大的教育事业自主权，因此，在课程目标、内容以及与俱乐部合作等方面，各联邦州都有自己制定的学校体育政策。德国的中学有重点中学、普通中学、实科中学和综合中学4种类型，由于培养目标的不同，各类中学对学生的教育要求也不同，因而造成学校体育课程内容和要求的多样性。德国的学校体育总体上呈现以下特点：一是以运动项目为中心。自20世纪70年代开始，因1972年慕尼黑奥运会的影响以及学校自身向校外发展，德国的体育教学内容开始以运动项目为单位编制，大量的竞技运动内容进入中小学课堂。二是重视行为能力的开发。自20世纪80年代开始，西德进一步强调学生运动行为能力的培养，重视学生通过体育运动达到社会化的目的。三是体育教师独特的培养方式。德国中小学体育教师必须学习2个专业，体育师资专业的学生首先学习体育专业并通过国家统一考试，同时还要学习第二专业（比如数学或拉丁语等)，只有2个专业的学习都完成之后才能获得中小学任教资格。这样做不仅使体育教师摆脱了只会运动的形象，而且使他们更容易得到学生的尊重与配合，同时为学校教学工作安排预留了空间。四是场馆建设规格统一。德国的中小学都有与体育学院和大学体育系一样的按照统一规格（德国工业标准）修建的多功能体育馆，可以进行从羽毛球到排球等28个项目的教学、训练和比赛，保证体育学院和大学体育系的学生来到中小学任教以及更换任教学校以后都可以用最短的时间适应体育馆的使用。五是学校体育与体育俱乐部紧密合作。德国中小学除了体育课，其余体育活动一般以俱乐部的形式开展，尤其是课外体育锻炼，主要是通过个人参加大众体育俱乐部和学校与体育俱乐部之间开展合作予以实现，这种合作体现了俱乐部体制对学校体育的促进作用。

德国的中小学生体育活动主要包括体育课、课外体育锻炼和校外体育锻炼3个部分，体育课和校外体育锻炼为主要的方式（见表7-1）。体育课由学校负责组织，活动场所在校内，具有强制性。课外体育锻炼，以自愿为主，由学校、校外有关机构或学生自发组织，活动场所既可在校内也可在校外，活动内容包括课间锻炼、体育锻炼兴趣小组、学校运动会、体育夏（冬）令营等。校外体育锻炼主要通过与俱乐部的合作完成，组织者是俱乐部，活动场所在校外，遵从完全自愿原则。具体到学校与俱乐部之间的合作主要体现在合作项目、学生参加体育俱乐部、场馆公用等3个方面。

表7-1 德国中小学生参加体育活动的主要方式

体育活动	活动场所	约束性	组织者	活动内容举例
体育课	校内	强制	学校	课间锻炼、体育锻炼兴趣小组、学校运动会、体育夏（冬）令营
课外体育锻炼	校内/校外	自愿为主	学校、校外有关机构或学生自发	
校外体育锻炼	校外	自愿	俱乐部	

（资料来源于《体育与科学》2008年第1期第90页）

所谓学校与俱乐部之间的合作项目，实际上是根据各联邦州教育和体育主管部门的规定，在学校和体育俱乐部之间建立固定的合作关系，由体育俱乐部提供教练和场所，使中小学生在课余时间和校外能够进行更多的体育锻炼。目前，德国正在实行的合作项目分为两大类：一类与竞技体育有关，即优秀青少年运动员的选材和培养项目；另一类与学校体育有关，即中小学生的课外体育锻炼项目。这些合作项目所需经费主要由教育和体育主管部门提供。

所谓学生参加体育俱乐部,是指很多中小学生为了得到更多的锻炼时间、更好的锻炼环境和更佳的锻炼效果,除了参加学校与俱乐部的合作项目,还会报名参加体育俱乐部。根据德国奥林匹克体育联合会统计,有将近三分之二的中小学生在校外选择了参加体育俱乐部来进行体育活动。

所谓场馆公用,是指学校里的运动场馆与体育俱乐部共同使用。表7-2显示,德国体育俱乐部使用的由政府所有的运动场、运动馆、室外游泳池、游泳馆的比例分别为71.3%、85.9%、93.9%、90.8%,其中,免费使用的比例分别达到场馆来源总数的65.3%、71.1%、47.2%、45.4%。政府所有的场馆除少部分为公共设施外,大多数都分布在中小学校,学校白天使用场馆,俱乐部则主要在晚上、周末和节假日使用,这在一定程度上体现了学校与俱乐部的合作方式。

表7-2 德国体育俱乐部使用场馆来源统计(%)

场馆来源	运动场	运动馆	室外游泳池	游泳馆
俱乐部所有	25.0	9.7	4.8	1.1
政府所有、付费使用	6.0	14.8	46.7	45.4
政府所有、免费使用	65.3	71.1	47.2	45.4
其他付费使用	1.1	1.3	0.9	6.8
其他免费使用	2.2	3.2	0.4	1.4
合计	100	100	100	100

(资料来源于《体育与科学》2008年第1期第91页)

德国体育俱乐部与学校体育的合作关系,为体育教学项目的补充以及学校体育的专业化提供了可能,一些在学校受条件限制无法普及的运动项目可以在俱乐部开展,可以为学校培养高水平运动员,在校学生参加奥运会并取得骄人成绩在德国成为常态。另外,学生在参与俱乐部的活动中既可提高社会认知,也可将所获经验带入体育课堂。当然,俱乐部与学校之间的合作实质上互惠共赢,在帮助学生拓展课余锻炼的时间与空间、提高身体素质以及享受运动乐趣的同时,俱乐部自身在项目资助、影响力提升以及发展更多的青少年会员等方面均能获得实际效益。

三、德国高校体育俱乐部的发展及启示

德国的高校除体育专业的学生外,其他专业的学生也就是我们习惯称之

为普通高校的学生没有必修的体育课,这类学生的体育锻炼主要通过高校体育(Hochschulsport)和参加社会上的体育俱乐部两种方式进行。

德国的高校体育属于高等学校必须开展的一项工作,为学生和教职工提供自愿参加体育锻炼的机会。德国的高校体育虽然与中国的高校体育截然不同,但作为大学生体育有着悠久的历史和传统。20世纪初期开始发展,二战结束(1945年)以后,西德的高校体育曾被短暂禁止,但很快作为自愿的学生体育重新开放。1948年全德高校体育协会成立,推动了高校体育在战后西德的发展,而此时的东德,体育课仍作为所有年级大学生的必修课。1990年东西德统一之后,原东德地区高校的必修体育课也转变成学生自愿参加的高校体育。

德国的高校体育作为一种服务,基本属于大众健身体育的范畴,其自愿参与、项目广泛、时间灵活、收费低廉等特点决定了其大众健身的属性,主要由中心组织结构、体育系(学院)、学生自我管理组织(学生会)负责组织。高校体育中也有竞技体育的内容,为了给高水平运动员提供更好的学习、生活和训练环境,全德高校体育协会推出了竞技体育伙伴高校计划。加入该计划的高校有义务为高水平运动员制定更为灵活的学制,以保证他们更好地处理学习与训练的关系。

从俱乐部的意义上讲,高校体育实际上也属于德国的体育俱乐部,只是不同于一般的按项目划分的大众体育俱乐部。全德高校体育协会是德国奥林匹克体育联合会下属的19个特殊任务协会之一,据全德高校体育协会统计,有超过160所高校的160万学生和40万教职工为该协会的会员。高校体育与社会上的体育俱乐部或者商业健身场所相比较具备以下优点:一是只对教师和学生开放;二是场馆更近、更方便;三是费用更低。因此,对学生和教师来说,通过高校体育进行锻炼比参加体育俱乐部更有吸引力。当然,除了参加高校体育,很多在运动上有更高追求的大学生还会参加社会上的体育俱乐部,因为这些体育俱乐部与高校体育相比,具有水平更高、可提供更多的锻炼时间、会员相对固定等优点。

德国普通大学生没有体育必修课,体育锻炼主要依靠高校体育和参加体育俱乐部来实现,而高校体育实际上也属于俱乐部体育的范畴。因此,德国的普通大学生主要通过体育俱乐部接受体育教育。德国的高校体育虽然对大学生具有很大的吸引力，但其完全自愿的性质，决定了参加高校体育的学生人数并不是很多，平均只有20%左右，即便加上参加大众体育俱乐部的学生，也很难达到半数的规模。也就是说，至少有一半的德国大学生在学习期间接受不了体育教育，这也是德国高校体育存在的最大问题。

中国的情况与德国的不同，中国高校体育的必修性质与德国高校体育的完全自愿原则反差较大。我国的普通大学生有体育必修课，可以说学生在大学期间是百分之百接受体育教育的，这是我们的制度优势。德国的社会体育俱乐部比较普及，体育俱乐部与学校的合作也比较成熟，通过体育俱乐部实施高校体育可能更加体现国家意志和大众需求。而我国的社会体育俱乐部尚处于起步阶段，体育俱乐部与学校的合作近乎空白，所谓的高校体育俱乐部也很不成熟。因此，德国学校体育的发展经验，尤其是俱乐部与学校的合作以及通过体育俱乐部实施高校体育，还不适合当下的中国国情。然而，随着我国社会体育俱乐部的逐步普及以及高校体育俱乐部的不断完善，德国学校体育的启示作用不容忽视。政府进一步加大经费投入，建设国家统一规格的并为政府所有的中小学校体育场馆，分时段向学生和社会成员开放，在此基础上，建立中小学校与社会体育俱乐部的合作关系，推动中小学校体育向课外、校外拓展，应该成为我国中小学校体育发展的未来方向。在高校体育方面，如何结合大学生需求建设体育场馆尤其是室内场馆，如何通过高校内部的体育俱乐部促进必修体育课教学、推动课外体育锻炼、开展不同层次的体育竞赛以及建立与社会体育俱乐部的合作关系进而为大学生的终身体育奠定基础，既是我国高校体育应该面对的现实问题，也是新时代我国高校体育俱乐部制创新发展与持续发展的基本走向。

第二节 美国高校体育俱乐部的发展与启示

美国的职业体育俱乐部在体育商业领域影响力巨大，《福布斯》杂志公布的2019年全球体育俱乐部价值排行榜显示，来自美国NFL联名的达拉斯牛仔队以50亿美元居于榜首。在全球排名前10的俱乐部中，除了3只足球队，其余7个俱乐部全部来自美国。美国的大众体育俱乐部数目也比较庞大，俱乐部总数超过3.8万家，会员人数超过5500万。美国地方政府负责为社区居民提供体育休闲场地与设施。在此背景下,美国高校体育俱乐部发展迅速,在满足大学生体育活动需要、提高大学生体育俱乐部管理能力以及活跃校园体育竞赛活动等方面发挥了积极作用。

一、美国高校体育俱乐部

现有资料显示,美国最早的社会体育俱乐部于1732年创建于费城,此后许多年又有其他的社会体育俱乐部相继成立。在18世纪末到19世纪初的这段时间里,许多进入大学学习的学生将他们在家乡学到的有关体育活动的知识带进大学校园,美国东部的一些大学出现了班级之间的体育比赛,在各大学学生混合居住的地区,这种比赛也经常开展,于是大学体育俱乐部应运而生。

1825年,哈佛大学经常开展校园棒球运动(一种类似棒球的游戏),这是大学里有组织的体育俱乐部的雏形,随之有了哈佛大学与耶鲁大学之间的棒球比赛。1843年,耶鲁大学成立了划船俱乐部;1850年,哈佛大学成立了常青藤体育俱乐部;1857年,圣保罗学院也成立体育俱乐部,为与其他大学之间的划船和板球比赛做准备。

19世纪的后40年至20世纪的前10年,以大学生为主体的体育俱乐部初见规模,但主要由教师控管着体育俱乐部的活动计划。到了20世纪20年代,高校体育俱乐部虽然有了很大发展,但仍然没有成为校内体育娱乐计划的组成部分。1922年,美国成立了高校体育俱乐部指导者联合会,讨论了体育俱乐部发展问题,也逐渐确立了体育俱乐部在高校教育中的历史地位。

美国高校体育俱乐部的种类很多,规模在10至几十人不等。由于学生把参加体育俱乐部作为校内和校外交往的一种手段,所以有许多学生同时加入几个俱乐部。学校非常重视校内体育俱乐部的发展,经常指派校方人员担任体育俱乐部的指导员或协调员。1972年,美国开始实施联邦政府《第九体育法案》,该法案规定女生和妇女享有与男性同等的参加体育运动的权利,促使更多的女性加入体育俱乐部。在多数大学里,男女会员都有机会与其他大学的运动员进行比赛。由于学生处于流动状态,所以体育俱乐部的管理者首先要预测学生对于体育运动的需要和兴趣,其次要确立体育俱乐部的工作目标,接下来在经费预算、人员配备、组织领导以及评价与奖励等方面作出相应规划。

美国的高校体育俱乐部已经成为学生获得发展的重要场所。随着20世纪60年代美国教育事业的迅速发展,高校办学经费短缺的现象随之出现。由于高等学校将培养专业人才作为自己的基本职能,所以体育课程及其经费成为削减的首选对象,像耶鲁大学、加利福尼亚大学等也都停止了学校体育代表队的训练和比赛,而有些学校则灵活地将体育代表队并入体育俱乐部,由体育俱乐部代表学校参加各种校际比赛。学校体育代表队在体育俱乐部中不仅承担原有的责任和义务,而且能为俱乐部成员提供参加校际比赛的知识与经验,俨然成为俱乐部的脊梁及其目标实现的积极践行者。对于俱乐部管理者(经理、秘书等志愿者)来讲,也不失为锻炼自己的良好契机。对于俱乐部每一位成员而言,加入团体的需要得到了满足,享受到了领导者的乐趣,努力尝试着合作与创新。他们在俱乐部中都有同等的重要性,因而增强了他们的使命感、责任感,也使俱乐部这个集体更具凝聚力。

美国高校体育俱乐部以独立和自给自足为生存法则,进行自我管理、自我经营、自我发展。由于有相对完善的造血功能,因而早期都有能够维持俱乐部开展各项活动的所需经费,但随着美国联邦政府《第九体育法案》的实行,俱乐部的体量日益庞大,尤其是体育代表队的并入,俱乐部深受活动经费短缺问题的困扰。尽管学校也为俱乐部提供了最基本的体育器材和设施,但在总体上,体育俱乐部仍然没有得到校方最大限度的资助。美国高校体育俱乐部的资金来源,主要包括俱乐部会员缴纳的会费(具有会员资格者一般每年缴纳几到几十美元不等的会费)、少量的校方拨款、其他社会组织捐助以及俱乐部组织的各种活动创收等。为了填补俱乐部活动的资金缺口,俱乐部通过增加特殊活动(比如父母周末活动)筹集资金、依赖热门体育项目(比如足球比赛、篮球比赛)的门票收入支持其他项目、运筹可行的集资方式(比如广告宣传)争取更多的票房与捐助以及利用各种机会租借其他部门体育设施或活动场馆等,进而保证俱乐部计划的顺利实施。

二、美国高校体育俱乐部教学模式

美国高校体育俱乐部教学模式的设计,遵循的是国家运动与体育教育协会(NASPE)于1995年颁布的《面向未来：美国国家学校体育标准》(2005年、2013年作了2次修订)，从标准上把握高校体育俱乐部教学模式发展的大体趋势。布莱恩特大学(Bryant University)是美国历史上最为悠久的综合性私立大学之一，其系统的体育俱乐部教学模式和健全的管理体系在美国享有很高的声誉。

布莱恩特大学的体育俱乐部分为课内体育俱乐部、课外体育俱乐部和课内外结合的体育俱乐部3种类型(见图7-1)。体育部是布莱恩特大学设置的学校体育组织管理结构，依据管理功能内设了体育交流、娱乐体育、体育科学、体育康复等10个分支管理部门。体育部固定配置人员主要由行政官员、管理人员和技术人员组成。课内体育俱乐部教学由运动队体育教师负责。课外体育俱乐部的教练采用聘用制的方式，根据聘期内取得的成绩对其进行考核。因此，教练员的工作压力较大，必须不断加强执教能力和业务水平的提升。课内外结合的体育俱乐部由教师、管理人员、学生共同运作。

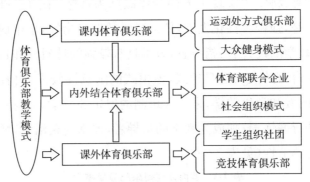

图7-1 布莱恩特大学体育俱乐部类型

(资料来源于《武汉体育学院学报》2016年第6期第91页)

布莱恩特大学体育俱乐部教学的人才培养遵循国家体育标准的顶层设计，指导学校体育课程的发展和改革，以实现个人价值和社会价值的高度统一为目标，为社会发展服务。美国高校的课程模式因受本土文化的影响而呈现多元，布莱恩特大学的体育俱乐部教学模式统筹了学校条件、学生素质和人文背景，注重发展学生在体育活动和比赛过程中的分工、合作与组织分配能力，试图在身体活动基础上培养大学生的能力(运动能力)、文化(运动文化)以及热衷于运动的兴趣爱好，从而使大学生在校期间身体、心理和社会适应方面得到全面发展,适应未来社会需求(见图7-2)。

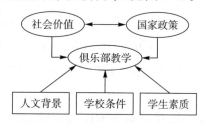

图 7-2 布莱恩特大学体育俱乐部教学人才培养目标

(资料来源于《武汉体育学院学报》2016 年第 6 期第 91 页)

布莱恩特大学的课内体育俱乐部是建立在体育健康教学模式基础上的体育教学形式,提倡自主性、自由性和科学性,学生是教学的主体,教师只负责设计方案和指导学生。布莱恩特大学的课内体育俱乐部教学模式注重学生能力(运动能力)的发展,有 2 种教学形式。一种为运动处方式教学模式,该模式相对专业,它以学生的选课为出发点,由专业的体育教师对学生进行科学的运动指导,将学生实现个人的身体锻炼为目标,采用小班制的俱乐部教学。其特点是,强调个性化发展,依从科学的健身指导,学生成为教学的主体,教师成为教学的设计者、指导者,教学具有较强的针对性和目标性。另一种是相对轻松自由的大众健身模式,该模式的随意性较强,内容侧重于趣味性,注重教师的教和学生的学,采用大班制的俱乐部教学。其特点是,学生根据自身情况进行锻炼,教师成为教学的指导者,课堂气氛活跃,教学具有较强的自由性和可调节性(见表7-3)。

表 7-3 课内体育俱乐部教学模式

种类	形式	特点
1	运动处方模式。教师根据学生个体情况,结合运动科学,设计运动方案,学生按照"处方"自我练习,教师进行跟踪分析、评价、修改"处方"	强调个性化发展,依从科学的健身指导,学生成为教学的主体,教师成为体育教学的设计者,教学具有较强的针对性和目标性
2	大众健身模式,以教师的指导练习为主,上课班级较大,由教师和学生轮流带领学生进行练习	学生根据自身情况进行锻炼,教师成为教学的指导者,课堂气氛活跃,教学具有较强的自由性和可调节性

(资料来源于《武汉体育学院学报》2016 年第 6 期第 92 页)

开展课外体育俱乐部教学是美国高校主要的体育教学模式,完善的法规制度配合州政府、校方、社会的财政支持,使得各方利益得到保障。课外体育俱乐部作为课内体育俱乐部教学的延伸和补充,是高校体育功能的拓展。布莱恩特大学的课外体育俱乐部教学有2种形式,一种以自办的竞技体育运动队的形式存在,由教练员指导训练,学生通过选拔入队进行训练,学校组队参加校际比赛,选拔对象是单项成绩出众的学生,同时要求选择对象的文化学习成绩达到全体学生的平均值并且每个学期修满10分;另一种形式是学生组织的体育社团,由学生群体组织单项体育俱乐部,根据个人兴趣,自主选择项目,自愿进行体育锻炼,实现个人价值,参与对象可以是学生、教师和职工(见表7-4)。

表7-4 课外体育俱乐部教学模式

种类	形式	特点	对象
1	学生组织社团模式	以学生的组织为主,根据个人兴趣,自主选择项目,自愿进行体育锻炼,实现个人价值	学生、教师、职工
2	自办竞技体育俱乐部模式	学生通过选拔组成运动队,教练员在课余时间指导学生开展训练,学生有机会参加各类比赛	选拔单项成绩出众的学生(文化学习成绩达到全体学生平均值,每学期修满10分)

(资料来源于《武汉体育学院学报》2016年第6期第92页)

布莱恩特大学在设置课内、课外体育俱乐部教学的同时,将二者融合,设计了课内外结合的体育俱乐部教学模式。该模式依从终身体育思想,通过体育部联合企业创办运动队以及通过学生会吸引社会俱乐部共同参与等形式配合大众健身模式和学生组织社团共同开展体育活动,以实现学生个人价值和社会价值的高度统一为目标,教学内容及对象辐射面广,通过引导学生积极参与课内外体育俱乐部活动,培养学生的运动兴趣。课内外结合的体育俱乐部教学模式更好地面向社会实际,适应了美国体育高度社会化和商业化的氛围,成为美国高校体育俱乐部教学的发展趋势(见表7-5)。

表 7-5 课内外结合体育俱乐部教学模式

种类	形式	特点	组织及资金来源
1	大众健身模式	面向全校师生、职工和大学有密切关系的社会人群进行授课,教师有偿收费,辐射面广、自由度高	学校管理;学校相关部门的拨款
2	社会组织模式	学生会联合社区举办体育活动,学校文化和社区建设结合,教学侧重于运动文化的培养	社区管理者;政府
3	体育部联合企业模式	通过校友基金会赞助,联合体育部举办体育活动,通过运动加强学生、教师、校友之间的联系,让校友感到强烈的归属感	体育部;校友基金会
4	学生组织社团模式	俱乐部的组织、考勤由学生负责,对有兴趣的学生有较强吸引力	学生;俱乐部的筹款

(资料来源于《武汉体育学院学报》2016 年第 6 期第 92 页)

三、美国高校体育俱乐部的发展及启示

布莱恩特大学体育俱乐部教学模式具有较强的社会性、多向性、智能化、个性化等特点,可以视为美国高校体育俱乐部教学的缩影。然而,由于取消了体育必修课程,布莱恩特大学的体育俱乐部教学模式与我国高校当下的体育俱乐部教学模式的差别十分明显。近一个世纪以来,美国高校取消体育必修课程的比例越来越大(见图 7-3),美国高校体育课程开设模式助推了美国高校体育俱乐部的快速发展。

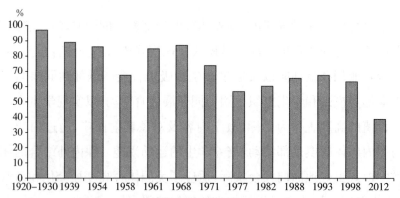

图 7-3 近一个世纪开设体育必修课的美国高校比例柱状图

(资料来源于《西安体育学院学报》2016 年第 3 期第 373 页)

美国高校体育课程可以分为两大类别,一类是正式纳入学校选课系统的体育必修课和体育选修课,另一类是由休闲体育部开设的健身课。美国开设

体育必修课的大部分高校允许学生自主决定获取体育学分的学期,少数高校要求新生入学第一学期或第一学年必修体育课,学生毕业平均约需完成2.61个体育学分,若分摊到2个学期,则平均每周需上课约75分钟。部分高校对学生毕业还有特殊的体育要求,比如哥伦比亚大学和康奈尔大学等高校要求学生尽早通过游泳测试(未能通过测试者则需参加一段时间的游泳课程方可毕业)、北爱荷华大学要求本科生必须修满体育理论课、有氧活动课和运动技术课共3个体育学分,考试不及格者必须重修课程。

美国高校体育必(选)修课通常可以分为理论课和实践课两大类,其课程内容普遍根据学生选课和教学评价环节筛选决定。理论课主要内容包括健康体适能、健康生活方式、运动处方、医疗急救等方面,教师授课时可灵活采用课堂讲授、案例分析、网络教学等方式。为了充分满足学生需求,美国高校体育实践课所涉及的运动项目十分广泛,呈现出传统性、时代性、国际性、阶梯性和挑战性等多元特点。在师资方面,美国高校普遍使用大量外聘教师开展体育课教学工作。关于教学考核与评价,美国的绝大多数高校采用优、良、一般、及格、不及格或及格/不及格的等级评价方式,教师对学生的考评更加重视过程性评价,或者将过程性评价与终结性评价相结合。

虽然美国的许多高校不再开设体育必(选)修课,但几乎所有的美国高校的休闲体育部都开设了健身课,通常分为集体课程和个体课程两种,以集体课程为主,因此,健身课成为美国大学生接受体育教育的主要途径。美国高校的健身课不设学分,其授课对象主要为在校学生,教职工和体育中心的其他会员也可参加。学校为了满足健身课的师资需求,受聘的健身指导员大多为具有体育特长的在校学生。集体健身课主要开展形体健身和有氧健身等室内项目,在固定时间和固定场馆内进行,每节课大约30~50分钟,开课频率较高(见表7-6)。每学期开学前,美国高校的休闲体育部会在网站上公布集体健身课的课程安排,开学第一周为学生免费试听周,之后学生可上网缴费报名参加相应课程的学习,如果购买"套票"则可参加课程安排中任意课时的学习。相比集体课程,个体课程收费较高,课程也较少,主要针对有专业性健身指导需求的人员,其内容包括个体化健身体适能指导、游泳技能课、力量训练等。

表7-6 康奈尔大学等6所美国高校体育教育概况
（以2015年秋季学期为例）

	唐奈尔大学	普林斯顿大学	哥伦比亚大学	宾夕法尼亚大学	密苏里州立大学	俄亥俄州立大学
学校性质	私立	私立	私立	私立	公立	公立
集体健身课	77课/周	57课/周	75课/周	60课/周	43课/周	101课/周
体育俱乐部	63个	37个	38个	36个	35个	56个
校内竞赛	6大项 26项	6大项 17小项	5大项 14小项	6大项 24小项	13大项 41小项	18大项 42小项
必修课要求	大一必修体育课,需通过游泳测试	无	部分专业学生必修体育课,所有学生均需通过游泳测试	无	必修"健康生活方式"课程	无

（资料来源于《西安体育学院学报》2016年第3期第374页）

美国高校体育课程的开设模式极大地拓展了美国高校体育俱乐部的发展空间,丰富多彩的体育俱乐部活动成为美国高校体育文化的重要特征之一。美国高校的学生体育俱乐部数量较多,从表7-6所列的6所高校的数据可以看出,平均每所高校约有44个体育俱乐部,其中,康奈尔大学体育俱乐部数量高达63个,拥有体育俱乐部数量最少的密苏里州立大学也有35个。美国高校对体育俱乐部的重视程度普遍较高,学校每年都制定体育俱乐部手册,统一组织各俱乐部开展宣传活动,并在训练场地、体育设施、活动经费等方面为俱乐部提供支持。美国高校体育俱乐部机构健全、制度完备、管理规范、活动丰富、自主性强,申请成立新的体育俱乐部需要通过严格的审议和考察,获批成立后由该俱乐部的学生管理团队负责活动的组织与管理,指导教师不得参与俱乐部的管理工作。为了寻求被学校批准的机会,许多不被学校认可的体育俱乐部也会自发组织训练和比赛,学校也允许这些非正式的社团开展相关活动。俱乐部定期向管理部门汇报工作业绩等,活动组织不力和效果不佳的体育俱乐部会被淘汰。此外,美国高校非常重视体育俱乐部训练和比赛的风险管理,会员在加入体育俱乐部时需签署伤病免责协议书。

美国高校体育俱乐部大都具有很强的竞技性特点,校际比赛是俱乐部的一项重要工作,竞技水平高的体育俱乐部可以参加地区性乃至全国性的比赛。美国高校体育俱乐部日常活动的组织形式和内容严格而规范,许多体育俱乐部要求会员入会前具有一定的运动技术水平。为了广泛动员竞技水平不同的学生享受体育竞赛的乐趣，美国高校除了开展体育俱乐部竞赛活动，还开展校内体育竞赛。正如常青藤盟校活动宗旨所言：校内体育竞赛是面向所有人的体育运动。休闲体育部每学期会制定校内体育竞赛计划，主要通过专业的第三方网络平台（如 IMleague）进行管理。该平台既提供校内体育竞赛管理服务，同时还兼具体育俱乐部校际竞赛组织管理、健康体适能指导等功能。校内体育竞赛既包括普及性较高的体育项目，又包括一些非正规项目，学生利用校园 ID 信息上网注册成为该校的比赛会员后即可报名并自由组队参赛。由于兼具竞技性、健身性、娱乐性和教育性等多重特点，校内体育竞赛因而成为美国高校组织学生参加课外体育活动的主要途径，类似于我国高校的"一校一品"，美国的许多高校还创设了特色的校内竞赛体系。

美国高校体育课程存在逐渐弱化现象，体育俱乐部成为美国高校体育教育的重要阵地。那些不再开设体育必修课的高校主要依靠体育选修课、集体健身课、体育俱乐部和校内体育竞赛开展体育干预活动。由于不具备任何的强制性，因此，有美国学者指出美国的高校体育只能惠及喜欢锻炼的人群，对于静态生活方式群体和体育弱势群体则难以充分发挥体育干预效能，长此以往，极有可能形成最需要体育教育的人却最缺乏体育教育的恶性循环。伴随美国高校体育课程的逐渐弱化，美国大学生的体质健康水平也在逐渐下降，尤其是身体形态、有氧能力等体质指标下降明显。虽然许多美国高校试图通过体质健康理论课强化学生的健康意识，但由于缺乏强有力的干预措施，因而在一定程度上存在理论与实践脱节的问题。目前，呼吁全面恢复高校体育必修课的美国专家学者不在少数。

中美高校体育有许多共性之处，美国高校体育课程现状以及体育俱乐部的发展对我国高校体育及其俱乐部的发展具有重要启示意义。我国高校体育的必修性质不仅彰显了中国特色社会主义的制度优势，而且确保了每一位大学生都拥有最基本的体育教育机会。因此，如何利用好美国同行所羡慕的带有强制性的高校体育课程，如何最大限度地发挥高校体育俱乐部的育人功效，应该成为我国高校体育未来研究发展的重要课题。鉴于此，本书认为，我们应该在坚持高校体育必修性质的基础上统筹我国高校体育俱乐部制的创新发展与持续发展。

体育必修课从受益面上彻底解决了美国高校最需要体育教育的人却最缺乏体育教育的问题，但能否从根本上真正解决这个问题，仍然是我国高校体育面临的一大难题，大学生喜欢体育而不喜欢体育课就是例证。究其原因，这种局面的形成并非高校体育的必修性质所致，应该与体育课程设置不尽合理、高校体育教育的针对性不强关系极大。

高校体育课程设置是多因素影响的结果，场馆设施与师资队伍起到决定性作用。当下，我国高校的体育场馆设施可能在总数上有了很大增加，但在种类以及室内场馆数量上仍然差距较大，导致我国高校体育课程涉及的运动项目范围较窄。我国高校体育的师资队伍，来源相对比较单一，常规运动项目者居多，难以满足大学生多样化的学习需求；许多教师的专项技能也有较大提升空间，难以满足大学生的体育渴求。此外，我国高校体育俱乐部数量较少，主要集中在常规体育项目，管理制度及实际运行等方面还很不成熟，难以满足大学生的参与愿望。反观美国高校，场馆设施保障有力，师资队伍外聘渠道畅通，以体育俱乐部为主要载体的第二课堂活动数目繁多。因此，借鉴美国经验，我国高校未来的体育场馆设施建设，应在种类上有所拓展，尤其要在室内项目的保障上继续加强；在师资方面，应结合学校课程设置，在稳定基本队伍的前提下，有针对性地加大外聘教师的引进力度，通过体育俱乐部等组织形式，大力发展第二课堂，充分发挥第二课堂在师资、时间、项目、对象等方面的灵活性，以此满足大学生日益增长的健身需求。

高校体育教育的针对性更多地体现在对待不同学生群体的体育态度上，我国高校体育的必修性质最大限度地反映了我国高校体育的全员态度，这是美国高校体育无法比拟的。然而，在全员体育的过程中，我国高校体育针对不同学生群体如何有效进行干预仍然值得关注。中美高校在体育的针对性方面存在共性问题。一是针对体质弱势群体干预不够，中国高校尚能通过体育必修课予以弥补，而美国高校在这方面则存在盲点。二是针对运动水平较低的学生群体参加体育竞赛和课外体育活动的动员不够，相较美国高校相对成熟的体育俱乐部，我国高校体育在这方面的差距可能更大。因此，借鉴美国经验，我国高校体育在充分利用必修优势的前提下，一方面要建立更加完善的第一、第二课堂体系，通过第一课堂切实完成教会任务，通过以体育俱乐部为主要载体的第二课堂积极开展勤练、常赛活动；另一方面要不断优化学校体育竞赛体制,通过降低竞技性,提升健身性和娱乐性,引导运动技能相对较弱的学生群体加入校内体育竞赛。

第三节　日本体育俱乐部及学校体育的发展与启示

日本是世界公认的大众体育发达国家之一,社区体育俱乐部是该国开展大众体育活动最广泛、最基本的组织形式,对日本体育人口的稳定和发展起到决定性作用。日本大众体育活动早期以学校体育俱乐部为中心,自1995年以来,积极推行综合型社区体育俱乐部。

一、日本体育俱乐部

日本体育俱乐部于第二次世界大战之后兴起,1951年,日本文部省编写的《社会体育指导要领》中提出了市町村级行政单位承担的主要任务之一是发展体育俱乐部。1964年,日本赢得东京奥运会主办权,以此为契机,日本在竞技体育水平得到提高的同时,还大力倡导国民自愿、自主地从事体育活动。国民根据自己的愿望主动亲近体育的发展目标,与会员根据自己的意愿集合在一起、相互合作开展体育活动的体育俱乐部发展理念相吻合,日本文部省依此将发展体育俱乐部作为日本体育行政部门力争实现的理想蓝图。1972年,日本文部省保健体育审议会在《关于体育振兴普及基本策略》答申中指出,普及振兴体育运动是举国大事,同时指出体育俱乐部不应发展为以选手为中心的体育组织,应推动社区、工作单位等日常生活中自发成立的体育团体、组织壮大。此外,为了增加体育俱乐部会员的数量,应根据各种人群的需求举办体育培训班,国家和地方政府应积极地给予支持。1976年,日本文部省曾为体育俱乐部下过一个定义,即体育俱乐部是以体育爱好者自发性、自主性的结合为基础,为增进健康和促进相互间的协调和睦而进行持续性体育活动的组织。

20世纪70年代末至80年代,由于经济高度成长引发社会变革,日本开始注重社区建设,并将开展体育活动作为社区建设的重要战略手段,文部省等相关省厅大力推动社区体育的振兴。1976年,日本文部省开展了关于推动日常生活中体育发展的调查研究,在总结报告中明确提出社区体育俱乐部有利于明朗社区的形成,同时指明市町村的体育行政部门应制定从体育俱乐部创建到充实俱乐部活动的社区体育俱乐部体系化建设政策。同年,为促进学校体育设施开放,文部省印发了《关于推进学校体育设施开放》和《关于配合开放学校体育设施》的通知。1977年,文部省新编入了推动体育俱乐部创建事业专项预算,对市町村开展的创建体育俱乐部工作进行财政补贴等,大力支持社区体育的发展和社区体育俱乐部的创建工作。

基于社区体育俱乐部数量的不断增加,为促进社区体育俱乐部之间的交流,提高体育设施的利用率,1987年日本文部省在促进市町村的体育俱乐部发展的同时,实施了社区体育俱乐部联合组织创建事业,对形成联合组织的工作进行财政补贴。1989年,日本出台《关于21世纪体育振兴策略》,提出体育俱乐部应作为扎根于日常生活中体育活动的组织不断发展,使其成为推动终身体育发展的基础,在加强俱乐部之间合作的同时,进一步充实体育俱乐部活动,振兴体育俱乐部。日本的体育曾是以学校和企业为核心开展的,学校虽然在体育的振兴和高水平选手的培养方面发挥了重要作用,但的确存在学生毕业后体育锻炼机会显著减少的问题,企业俱乐部多以高水平运动员的培养为主,也存在不能满足国民的体育需求问题。为了进一步发展社区体育俱乐部联合组织创建事业,创造让任何人都能亲近体育运动的条件,日本于1995年启动了综合型社区体育俱乐部的试点创建工作,引导社区居民加入以社区体育中心等为基地的包含多种运动项目的综合型体育俱乐部,通过利用学校开放的体育设施等,推动综合型体育俱乐部成为社区居民自主经营性组织。

为了协助发展综合型体育俱乐部,日本文部省于1999年在全国推广广域(跨市町村)体育中心建设,对综合型体育俱乐部的运营和活动进行支援。2002年开始以体育彩票的收益金为资金源创建了综合型社区体育俱乐部活动资助专门项目,对综合型体育俱乐部的创建、活动、管理人员以及顾问的配置等予以资助,其中政府财政补贴仍然是日本综合型体育俱乐部的重要经费来源。2004年开始,公益财团法人日本体育协会受文部省委托,承担起推动综合型体育俱乐部发展的任务,加快了体育俱乐部的建设步伐。2010年,日本文部省出台了《体育立国战略》,并于2011年制定了《体育基本法》,进一步强调通过综合型体育俱乐部建设改善社区体育环境的战略。2012年,日本文部省出台了社区体育与竞技体育良性循环推进计划,提出利用高水平运动员具有的技术和经验等优势,振兴社区体育,增加体育参与人口。日本的社会体育指导员制度已实施30多年,最早由文部省批准创立,现由日本体育协会负责管理运作。2014年日本体育协会编制了综合型社区体育俱乐部建设的行动指针与评价指标,以此评估综合型体育俱乐部的运行情况,旨在不断提高自身建设质量的同时进一步推进综合型社区体育俱乐部的可持续发展。

总之,第二次世界大战以后,在国家政策法规的引领和政府的大力支持下,日本社区体育俱乐部作为日常生活中开展体育活动的主要场所得到不断发展,而综合型体育俱乐部的建设则是在社区体育俱乐部逐步发展的基础上,为实现终身体育社会而采取的一项重要举措。当下,综合型体育俱乐部已经成为日本社区体育俱乐部的一种重要的组织形式,但要获得综合型社区体育俱乐部的称号并不容易,日本有一套全面的认证指标体系(见图7-4),要求综合型社区体育俱乐部有固定的活动地点、专业管理人员、具有资格证书的社会体育指导员、多年龄段的会员、多个体育运动项目,并要求其成为社区居民的交流场所以及得到当地大企业的支持。在数量不断增加的同时,日本综合型社区体育俱乐部的社会价值也在提升,逐渐成为社区交流的核心。

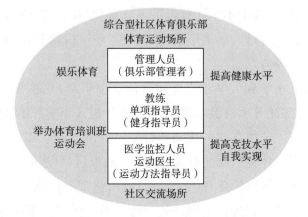

图 7-4 日本综合型社区体育俱乐部认证指标体系

(资料来源于《体育文化导刊》2020年第1期第50页)

二、日本中小学体育及其俱乐部

日本政府根据不同年龄段制定以保健体育为目标的体育课程,从而确保中小学生参加体育活动的最低要求。日本中小学的体育课分为体育实践活动课和体育理论课两种类型。前者主要评价学生对其学习内容的技术掌握情况,一学期缺课4次以上的学生以不及格处理且必须重修体育课程。后者主要考察学生的体育理论知识,不仅要求学生提交论述报告,而且要进行卷面考试。日本中小学为了促使学生实现体育实践与理论的双重能力增长,设立了各类项目的体育俱乐部,基本上每个中小学体育俱乐部都有学生们喜欢的体育项目,不同学校还会开设带有特色的个性项目体育俱乐部,比如相扑、柔道、跆拳道、棒球、体操俱乐部等。另外,日本体育协会下属的初中体育联盟和高中体育联盟几乎覆盖了日本所有的初中和高中。在这两大体育联盟中,均设有足球、篮球、排球、游泳、田径等20多个体育单项联盟,而这些体育单项联盟就存在于学校的体育俱乐部中,所有学生均可根据兴趣自愿加入。

日本中小学体育俱乐部是学生自主构建的开放式体育组织,其核心是以一个学校为中心点,以学校里的所有学生为参与主体,同时依赖于地域中心以及相关集体中有资格、有资历的高水平能力者或是拥有丰富经验的俱乐部成员,以此作为首要成员组成俱乐部运行指导委员会,宗旨是通过对资源的整合再利用,争取尽可能地让每位成员都能平等地感受及享受体育运动的美好环境。总之,日本的中小学体育俱乐部具有参与的自愿性、组织运营的自治性、运动项目的多样性、活动形式的丰富性、场馆设施利用的灵活性、志愿者服务的公益性等特点。

日本政府从小学到大学都设立体育活动俱乐部,几乎每个学校都有足球、篮球、排球、游泳等项目俱乐部,每位儿童从进入小学开始,就可以依照自己的兴趣爱好自主选择喜欢的运动项目并加入体育俱乐部。日本的中小学体育俱乐部以课外体育活动的形式呈现。二战以后,日本的课外体育活动主要有两种。一种是必修的体育俱乐部活动,由整个学校统一下发安排表,学生选择自己喜欢的一类进行上课。另一种是不受任何拘束的体育俱乐部活动,以学生为核心设立,学生自愿选择喜欢的项目进行学习实践,教师仅起指导与指引作用。日本中小学体育俱乐部与社区体育俱乐部有机融合,可以充分利用综合型社区俱乐部体育设施,也可以通过社区体育俱乐部的指导教师,帮助学生至少参与一项终身体育项目,为终身运动习惯的养成奠定基础。

日本的体育器材、设备及场馆设施等,许多都聚集在中小学校,为了促进体育俱乐部的发展,提高学校体育设施的利用率,体育俱乐部与学校之间建立了良好的合作关系。日本学校体育设施的开放率很高,近年来更是进一步推动实施综合型社区体育俱乐部主导下的学校设施管理模式(见图7-5)。该模式的创新点是:俱乐部的服务对象扩大,除会员外也要为学校师生和广大非会员(居民)服务;俱乐部的服务内容有所拓展,会员有机会参加学校活动和社区活动;俱乐部对学校师生和居民等非会员的服务延伸至体育之外,包括文化、艺术、康复等活动;学校委托俱乐部维护相关设施,减轻学校负担;俱乐部不仅拥有长期固定的活动设施,而且可以获得一定的设备维护经费;学校优先使用设施,俱乐部协助学校开展活动,学校活动与俱乐部活动有机融合。

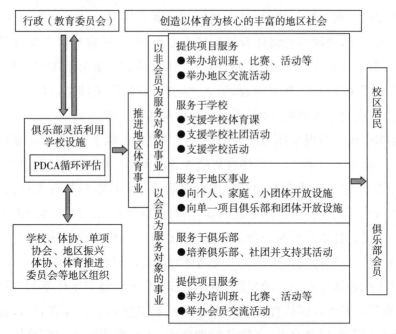

图 7-5　日本综合型社区体育俱乐部主导下的学校设施管理模式

(资料来源于《体育文化导刊》2020 年第 1 期第 51 页)

三、日本高校体育俱乐部的发展及启示

日本的各级各类学校之间建立了相对完整的体育俱乐部衔接体系,学生在考取大学之前,如果在中小学一直参加某个项目的体育俱乐部,那么在步入大学后他依然能够直接参与这个项目的俱乐部。除了那些很不喜欢体育

运动的学生,日本的大学生在毕业之后基本上都能够拥有一个或一个以上的终身体育项目。日本的高校体育俱乐部是日本中小学体育俱乐部的延续与拓展,日本高校体育俱乐部的发展助推了日本终身体育社会的实现进程。

日本高校体育的参与形式主要由体育课及体育俱乐部构成,体育俱乐部是课外体育活动的组织形式。日本高校设置体育必修科目是从1947年大学设置基准第22条开始的,这是战后日本大学教育的一个重要特征,对于战后日本学生体力提升以及体育教育的普及发挥了重要作用。而1991年基准大纲化设置后,体育作为必修课覆盖范围逐渐缩小,自由科目化被扩大,部分学生不再选修体育课。虽然很多学生也会参加体育俱乐部,但由于没有了强制性,学生参与体育运动的机会、锻炼时间有所减少,对体育的关注度和兴趣也受到了影响。面对这一情况,日本政府和学者开始关注这个问题。一方面,政府出台政策,鼓励高校将体育课调整为必修课,在一定程度上保证学生参与体育的机会和时间。另一方面,高校在体育场馆设施上增加经费投入,同时在体育俱乐部种类、教学内容、形式、学分等方面作出调整,以满足学生的不同需求,提高学生兴趣,吸引学生主动参与体育活动。

日本高校体育俱乐部与综合型社区体育俱乐部联系密切,二者通过合作共同培养高水平运动员,一些体育成绩优异的大学生毕业后经过选拔会与企业签订协议,进入企业资助的社会体育俱乐部。高校本身具有人员优势,不仅可以指导社区体育俱乐部开展活动,同时可以帮助培训社区体育俱乐部专业指导人员。日本高校为综合型社区体育俱乐部提供场馆设施,以此减少资源浪费,进而为周边居民提供更多参与体育活动的机会和条件。

日本高校体育俱乐部的发展,不仅与日本中小学体育俱乐部的发展彼此关联,而且与日本社区体育俱乐部的相对成熟息息相关。客观而言,我国高校体育俱乐部的发展水平,在较长时期之内,还很难达到日本高校体育俱乐部的当下水平,但我们从中的确可以得到许多启示。

借鉴日本经验,我们应该清醒地认识到,高校体育俱乐部无论发展到何种程度,都不能忽视体育必修课的存在价值。我国高校体育的必修性质既出于中国特色高校体育的制度设计,同时也出于我国高等学校人才培养的迫切需求。德智体美劳五育并举,培养新时代中国特色社会主义的合格建设者与接班人是我国学校教育的职责所在与本质要求。高校体育俱乐部与高校体育必修课相辅相成,体育必修课侧重课内,力主教会;体育俱乐部侧重课外,力主勤练与常赛。高校体育俱乐部与高校体育的必修性质并不矛盾,即便课内的"教会"任务已经完成,课外的体育俱乐部活动在参与机会、时间、学分等方面也应作出刚性约束,一旦取消必修要求的强制性则很难实现高校体育的育人目标。

　　日本政府在大众体育推行中始终发挥支撑作用。近年来,日本政府力主发展综合型社区体育俱乐部,已将包括高校体育俱乐部在内的学校体育俱乐部融入其中。而我国的高校体育俱乐部目前还处在相对无援的孤立状态,因此应该通过高校体育俱乐部自身的建设与完善,先期实现自我发展。当下,我国高校的课余体育组织大多以体育社团或协会为主要存在形式,相关活动的开展也大多在学校团委的管理与领导下进行,而所谓的体育俱乐部则更多地局限在教学层面。我国高校体育社团或协会与高校体育俱乐部两张皮的现象还比较突出,这严重制约了我国高校体育俱乐部的建设与发展。面向未来,我们要尽快实现高校体育俱乐部与高校体育社团或协会的有机融合,将体育俱乐部作为高校课余体育的重要组织形式纳入学生自治范畴。为此,带有社团性质的以学生自治为主要形式的高校体育俱乐部,每年需提前向学校团委提交活动及发展规划,并作出上一年的全面总结,以此获取政策与经费支持;学校团委应尽可能地减少行政干预,通过规划论证与总结评估发挥导向作用,以此锻炼学生的自我决策与自治能力;学校体育管理部门,应瞄准课内外一体这条主线,尽可能地提供场馆器材设施与专项业务指导,以此保障俱乐部活动的有序开展。

　　新时代我国高校体育俱乐部制的创新发展与持续发展,虽然仅凭高校自身很难实现,但作为办学主体,每所高校在体育俱乐部的建设与发展中均应承担不可替代的关键责任。相比日本,我国高校大多为公办性质,因此教育主管部门在高校体育俱乐部的建设与发展中处于不可或缺的重要地位。中国特色社会主义进入新时代,人民对美好生活的向往以及对生命健康的追求愈发强烈,大众体育、全民健身逐渐成为常态,高校体育俱乐部的发展环境不断得到优化,政府对社会体育俱乐部的建设与发展正给予更多的关注与支持。因此借鉴日本经验,我们要坚定不移地执行非营利性高校体育俱乐部制度,以学生为主体,依托现有的高校体育组织,尽可能地协同地域、社区公共服务以及体育场馆,实现高校体育俱乐部与社区体育俱乐部有机融合,进而为我国高校体育俱乐部制的创新发展与持续发展铺设道路。

第四节 韩国体育俱乐部及高校体育的发展与启示

韩国是亚洲体育发达国家之一,虽然现有人口仅有 5200 万,但体育俱乐部的数量及参与人数已经达到较大规模。二战之后,韩国体育摆脱日本军国主义的桎梏,将各级各类学校的体练科改为保健体育科并列入必修科目。体育课从小学到高中是必修课,在大学被列为一般教养课程,还设立了体育系科与体育大学。从 1995 年开始,韩国把大学一般教养中的体育课改为选修课,取消了体育课的学分。另外,韩国高校的课余体育活动主要依靠单项体育俱乐部开展。

一、韩国体育俱乐部

韩国文体部 2017 年统计数据显示,韩国除了有政府主管的 52 个综合型体育俱乐部,还有超过 11 万个民间体育俱乐部。韩国政府大力扶持俱乐部的发展,从制定全国性计划规划、量化俱乐部发展目标,到修建社区体育设施、为资金困难的俱乐部提供各类优惠政策,不仅体现出对体育俱乐部发展的高度重视,而且力争使体育俱乐部的社会功能最大化。

韩国政府制定的体育俱乐部发展规划,既有定性指标,同时又有非常具体的量化指标。韩国文体部 2013 年制定了关于培育综合型体育俱乐部的基本计划,其具体目标是在韩国每个市、县及区均建立一个综合型体育俱乐部,到 2020 年共建成 229 个综合型体育俱乐部。韩国综合型体育俱乐部的预算来源包括中央政府基金、地方财政资金和自身预算 3 个部分,具有一套全面的认证指标体系。大韩体育会 2017 年修订的综合型体育俱乐部入选标准包括:运营至少 4 个体育项目;拥有至少 4 种体育设施;拥有至少 4 名体育指导员(包括退役运动员)及至少 8 名工作人员;拥有至少 100 个会员;至少培养 1 个项目的专业运动员。

社会体育指导员在韩国体育俱乐部的发展过程中发挥了十分积极的推动作用。大韩体育会于 2000 年开始推行大众体育指导员制度,截至 2018

年，韩国拥有 2600 名大众体育指导员。韩国大众体育指导员的选拔较为严格，须符合《韩国国民体育振兴法》第 2 条所规定的各项要求，且须经过资料审核、笔试和面试 3 道关卡。

韩国的体育俱乐部的发展得益于一系列规划、计划的推进，形成了以俱乐部为基础，大众体育与竞技体育同步发展、相互促进的良性循环态势。韩国建立综合型体育俱乐部的目的之一，便是在大众体育与竞技体育之间建立联系，为退役运动员及教练提供就业机会，同时让普通大众也能接受专业的体育培训。

二、韩国高校体育的发展与启示

韩国乃经济发达国家，受西方国家的影响较深，在东西方文化的结合方面有许多可取之处。笔者曾经就高校体育的发展对韩国的韩南大学、韩瑞大学和南部大学等高校进行过实地考察，获取了许多宝贵的第一手资料，在宏观和定性的层面也得到了诸多启示。

（一）韩国高校体育的发展

韩国高校体育是韩国高等教育的缩影。韩国在高校公共体育方面，完全尊重学生的兴趣与选择，教育主管部门及学校除了进行必要的引导不作其他任何形式的刚性约束。体育专业则高度关注社会需求，体现应用型、生活化。比如韩南大学设有生活体育系，主攻方向为体育医学和残疾人体育；韩瑞大学设有警备秘书系、身体活动设计系；南部大学设有跆拳道体育系、武道警卫系、休闲运动系等。

韩国高校分国立（或公立）和私立大学两种，其中私立大学比例超过 85%。韩南大学、韩瑞大学和南部大学均为私立大学，但无论是公立大学还是私立大学，体育课程的设置大致相同，一般分为 3 类：体育专业课程、运动训练课程、体育选修课程。

韩国高校的公共体育不是学生的必修课程，也没有全国统一的指导纲要，学校在这一方面有很大的自主权和灵活性。所谓的公共体育课通常称为"骄阳课"，类似于我国高校的公共选修课，以项目为主，完全由学生根据自己的兴趣自主选择，学生一旦选取了某一项目，也就进入了该项目运动俱乐部；俱乐部由学生自主管理，学校只是选派专门教师进行运动指导。笔者在访谈中发现,韩国高校的体育教师同仁对韩国目前的公共体育课程设置颇有微词,认为取消公共体育必修课以后,自愿选择体育课程的非体育专业的学生越来越少,学生的体质明显下降、体育意识更加淡薄。

韩国高校的体育教师分专任教师、助教授、副教授、教授4个等级,实行完全聘任制,被聘为教授的教师类似于我国高校的正式编制人员,一般要求有博士学位以及国外学习经历,其他教师一般为短期聘用人员。韩国高校的体育教师主要围绕相关专业配备,大都有比较深厚的专业功底。韩南大学有体育教授7人,其中生活体育系主任郑一圭教授是韩国比较知名的运动生理学专家。韩瑞大学有体育教授9人,其中有位跆拳道教授曾担任总统府保镖。南部大学有体育教授4人,其中2位教授在武道方面造诣颇深。

韩国高校的公共体育课程由于不是必修课程,因此在师资的配备上相对比较灵活。当学生选择某一项目并进入该项目俱乐部以后,学校将根据实际情况安排指导教师,如果现有教授无法承担指导任务,学校就会面向社会短期聘用高水平人员充实师资队伍。短期聘用方式机动灵活、竞争性强,所聘用人员专业对口,在体育专项技能指导方面往往表现出较高水准,普遍受到学生的青睐。

韩国高校体育场馆设施的最大特点是简朴、实用,适应专业设置,立足人才培养需求。韩南大学是韩国百所优秀大学之一,在校学生17000多人,其大田校区有类似于我国大学的标准田径场1个,该场地规划了三大功能区,一是内场的人造草皮标准足球场,可以承接国家级的足球比赛;二是4条跑道的塑胶田径场;三是紧贴塑胶跑道外环的有大约5条跑道宽的沥青地面旱冰场。另外,韩南大学的篮球馆、乒乓球馆、羽毛球馆、跆拳道馆以及室外篮球、排球、网球场地虽相对都比较简易,但方便、实用、管理精细。

韩瑞大学没有严格意义上的田径场地,只有一片附带简易看台的沙地和土地,既可以踢足球也可以用于集会,其最大的亮点是看台对面伫立着韩国历任总统的铜像,能让人真切地感受到体育领域的韩国文化。韩瑞大学有综合体育馆1座,功能相对齐全,可以同时容纳6000人集会,是学校举行重大表演活动、开学和毕业典礼以及新生入学教育的场所;体育馆内可以举行篮球、羽毛球等赛事活动以及从事跆拳道、武术、健身等表演和日常教学。

南部大学的室外运动场地有类似于田径场的活动区域1片,中间部分是人造草皮足球场地,跑道部分是沥青硬化场地,具备跑步和溜旱冰双重功能。室外篮球、排球、网球等场地就势而建,篮球架、排球架等重型设备移动便利。室内场地特色鲜明,拥有可以承接国际性比赛的射击馆1座,跆拳道馆、击剑馆虽然外观普通但内部功能较为齐全。

相对于中国高校而言,韩国高校的课余体育不成规模,校园里很难见到学生们生龙活虎的运动场景,这可能与韩国高校的教育背景有关。韩国高校实行的是完全学分制,只授予学生学位不授予学历。韩国的大学生以走读为主,80%的学生不住在学校里,一周内所学课程可以在周三甚至周二之前全部完成,周二或周三以后的时间完全由学生自行支配。因此,韩国大学生的课余生活大都不在学校。在课余期间,80%的大学生要么在家温习功课,要么在打工赚取学费,很难参与校园体育活动。

韩国高校对师生的课余体育活动也给予一定的重视,组织并指导师生开展俱乐部活动,每年都要举办内容丰富、形式多样、规模不等的运动竞赛,师生对竞赛的竞技化程度要求不高,主要倾向于趣味性、技巧性、表演性较强的运动项目。另外,在参与课余体育的师生中,有的热衷于室内健身,有的热衷于走进大自然。登山、高尔夫等项目很受韩国人欢迎,高尔夫项目已经进入百姓生活。韩国的高尔夫球场规格不一,大众健身球场相对较多,分布得也比较合理,收费标准不高。平均1~2周打上一次高尔夫,成为韩国高校老师十分平常之事。考察期间,笔者还注意到韩国农村居民也热衷于打高尔夫,韩瑞大学坐落在一个小镇,学校附近农庄就有人利用自家门前空地在早锻炼期间做高尔夫击球练习。

我国高校体育部的主要功能是教学教研,通常称为体育教学部或体育教研部。而韩国高校体育部的设立则主要是为了促进体育事业发展,挖掘优秀体育人才,为各级各类体育部门培养选送优秀选手。韩国高校的运动训练队大致有两种类型,运动训练的针对性相对较强,专业化程度也相对较高。一类是竞技化程度相对较高的运动队,像韩南大学的乒乓球队、足球队、摔跤队,南部大学的射击队、足球队、手球队、击剑队等。这类运动队有层次不同的运动员,最高层次的运动员可以代表国家参加比赛,运动训练的目的主要侧重于各级各类比赛,类似于我国高校的高水平运动队。另一类是民族化程度相对较高的运动队,像韩瑞大学的跆拳道队,南部大学的跆拳道队、剑道队等,运动训练的目的不再是单纯地参加比赛,更重要的是从事表演和对外交流,类似于我国高校的舞龙舞狮队、武术队等。

韩国高校的运动训练更多地体现了学校的特色与优势,由于韩国高校以私立为主,所以韩国高校的运动训练在投入与产出方面考虑的因素相对较多。在投入上,韩国高校不贪大求全,基本保障落实得比较到位,体现出管理的精细化、训练的科学化和日常生活的人性化等。比如南部大学的足球队,不仅聘请高水平教练执教,而且配备专门训练场地和专门交通工具,生活起居也是统一安排的。在产出上,在挖掘优秀体育人才和为社会培养选送优秀选手的同时,在提升学校竞争力和知名度方面也有所作为。

(二)对我国高校体育发展的启示

高校体育是高等教育的有机组成部分,在人才培养方面发挥不可或缺的作用。中韩两国一衣带水,虽然社会制度和国情不同,但在高校体育领域存在许多可以相互借鉴的元素。韩国高校体育的发展对我国高校体育的改革与发展以及对我国高校体育俱乐部制的施行具有如下启示。

1. 观念转变要触及心灵

观念转变是改革的先导,也是改革的难处所在。随着素质教育的全面推进和高等教育改革的不断深化,虽然我国高校体育也迈上改革旅程,但长期以来,思想观念相对滞后的问题一直阻碍着高校体育改革进程。韩国高校公共体育课程为非必修课程,课程是否开设以及哪一学期开设完全由学生选择决定。韩国高校体育教师只有通过不懈努力才能把学生吸引到自己的课堂上,缺乏我国高校体育教师职业的稳定性和安逸感。总体而言,韩国高校体育教师的观念转变和改革意识相对比较积极。

改革涉及利益的重新分配与调整,我国高校的许多体育教师在心灵深处惧怕改革甚至抵制改革,同时也存在一部分人想改革但不知如何改以至于乱改,以及有些人虽知道如何改革但怕触及矛盾等现象。我国高校关于体育俱乐部制教育教学改革的某些具体实践就是例证。解决这些问题的关键,就在于促使高校体育领域观念的转变触及心灵,在内心深处真正树立改革意识和以学生发展为中心的高校体育教育教学理念,具有国际视野,充分认识改革的必然性和紧迫性,走出把改革当口号、把口号当行动的误区,坚决纠正体育思想僵化、教学手段老化、教育行为固化等不良行为。借鉴韩国经验，我国高校体育必须进一步强化改革意识，促使广大体育教师真正从灵魂深处转变观念，在高校体育必修性质的优越条件下，努力为新时代中国特色社会主义培养有用、能用、实用的高素质人才。

2. 课程设置要立足现实

改革不是简单意义上的加加减减，而是扬弃。我国高校的公共体育课程是必修课程，对普通高校的一、二年级学生必须开设体育课，对三年级以上的学生（包括研究生）开设体育选修课。这种完全有别于韩国高校公共体育课程非必修性质的课程设置正是我国的现实所在。由于我国高校体育改革的艰难曲折和不尽如人意，时常有人对我国高校体育课程的必修性质产生质疑，尤其一些高校的领导以及一些非体育人士，对高校体育的内在价值缺乏认同，对此我们应有清醒的认识和客观分析。受诸多因素影响，我国中小学体育存在一些问题，中小学生的身体素质持续下降、近视率居高不下等已经成为不争事实，高校体育课程不仅是我国青少年学生接受体育教育的最后阶段，也是我国学校体育不容放弃的最后一道防线。

韩国高校公共体育课程的非必修性质在很大程度上反映了韩国的现实。韩国的兵役法规定，20～30岁的韩国男性公民必须服兵役至少2年，韩国青年大多在大学阶段完成兵役。就体育的健身价值而言，2年的兵役锻炼在很大程度上弥补了大学生身体素质的不足。另外，韩国85%以上的大学为私立大学以及80%以上学生走读体制的情况也为韩国高校公共体育课程的非必修性质埋下了伏笔。

中韩两国制度和国情不同，在高校体育课程的设置上不能照搬照抄韩国模式。当下，我国高校公共体育课程必须毫不动摇地坚守必修性质，要充分肯定《全国普通高等学校体育课程教学指导纲要》提出的刚性要求。当然，我国的高校体育也迫切需要根治学生喜欢体育但不喜欢体育课的顽疾，虽然多年的改革已初见成效，但高校体育的课程模式、组织形式、手段方法、教学内容、学习评价、保障措施以及体育俱乐部等方面的改革仍需进一步加强。我国高校体育工作者尤其是一线教师必须牢固树立主人翁意识，以教书育人为己任，以人才培养为目标，用自己的实际行为将我国高校体育的改革与发展以及高校体育俱乐部制的创新发展与持续发展推向深入。

3. 师资队伍要稳中求变

我国高校与韩国高校不同，我国高校有一支稳定且人员相对充足的体育师资队伍，也就是所谓的正式编制人员。从有利因素看，这支队伍有力地保障了高校体育工作的正常运行，但从不利因素分析，这支能进难出的队伍也在一定程度上消磨了改革的动力。

我国各级各类大学在现有的体制机制内拥有一支相对稳定的体育师资队伍是必要的，但应借鉴韩国经验，这支队伍一定要做到稳中求变。首先，队伍的个体求变。在改革大潮中教师要自我加压，把一切为了学生的发展作为自己工作的出发点和归宿，终身学习、终身提高，以更好地适应家庭、社会、学校对高素质人才培养的强烈要求。其次，队伍的整体求变。一是建立优胜劣汰机制，实行动态管理，我国的私立大学已经开了这方面的先河；二是给短期聘用人员预留足够空间，不为所有但为所用，为高校体育的改革与发展注入活力；三是放眼世界，采用请进来、走出去的办法加强与国际同行的交流与合作，增进了解，拓宽视野，为我国高校体育的改革与发展以及高校体育俱乐部制的创新发展与持续发展增添动力。

4. 场地设施要注重实效

改革开放以来尤其是 1999 年高校扩招以来，我国高校体育场地设施建设有了实质性进展，为高校体育的改革与发展起到了很好的支撑与保障作用，但调查显示，当下仍然存在场馆设施不充分、不平衡等诸多问题。一是部分高校场馆设施的总体数量不足，相对于学校规模还存在一定差距。二是许多高校室内场馆设施匮乏，很多运动项目因季节、气候等因素不得不停止开展。三是场馆设施的种类不够齐全，很多高校体育项目开展局限于足球场、篮球场、排球场等室外场地，无法有效满足学生的兴趣爱好与个性化需求。四是管理与使用的矛盾相对突出，尤其是许多高校本就不多的室内场馆使用率偏低，有的高校面向学生的课余体育活动甚至采取有偿使用措施，极大地影响了学生参加体育运动的热情。场馆设施是实施高校体育的物质基础，解决上述问题的关键在于注重实效，韩国高校简朴、实用以及精细化管理的经验值得借鉴。

首先要在注重实效的基础上盘活现有场馆设施资源，打破人为管理障碍，最大限度地发挥使用功效。为此，我国的高校体育管理部门一定要解放思想、有所作为。其次要在注重实效的基础上合理规划后期的场馆设施建设。总体原则是：室外场地尽量建足，让学生的室外运动有活动场地；室内场地不求高档，但要注意功能区分。在场馆设施建设方面应当做到量力而行，高校体育场馆设施一定要考虑体育教学功能和日常健身功能，利用有限的资金甚至举巨债建造功能齐全、外形美观的综合馆而牺牲实用型场馆建设的想法与做法则不可取。

5. 体教结合要趋于理性

体教结合是一项系统工程，在很大程度上受体制和机制的制约。我国实际意义上的体教结合源于 20 世纪 80 年代中期，强调让体育回归教育，同时把高校作为体教结合的重要场所。当下，我国高校体教结合更多地停留在接受退役运动员进高校接受或开展文化教育，或直接招收运动员进校组建高水平运动队阶段。这种尚不完善的体教结合实际上已经演变成退役选手以及二、三流运动员的舞台，这种本末倒置的做法并未从根本上解决体育和教育两张皮的不良现状。

德、智、体、美、劳均是教育的重要元素。理性的体教结合应该贯穿于教育的全过程，是文化教育同运动员训练与成长全过程的结合。体教结合仅仅落实在高校是缺乏根基的空中楼阁，是非理性的、不科学的，也是很难持续的。真正意义上的体教结合是要改变以往竞技体育与教育相分离的状况，是竞技体育对教育本源的回归。这种结合不只是在高校，还要在高中、初中和小学，甚至在幼儿园都要有这方面的早期融合。我们所熟知的 NBA，虽然由高校进入 NBA 是绝大多数球员的必由之路，但有许多顶级球员直接来自于高中。可喜的是，近年来我国关于体教结合探索出许多新举措，涌现出清华大学田径队、北京理工大学足球队等体教结合典型案例。2020 年 9 月 21 日，国家体育总局、教育部还联合印发了经中央深改委员会审议通过的《关于深化体教融合促进青少年健康发展的意见》，并于次日联合召开新闻发布会，为我国今后一个时期的体教结合指明了方向。

韩国高校体育的发展是韩国社会制度、教育环境、体育意识形态等长期积累的结果，由于制度和国情不同，我国高校体育改革与发展不可能盲目照搬韩国模式，但韩国高校体育的发展对我国高校体育的改革与发展尤其是对我国高校体育俱乐部建设与发展的启示作用不容忽视。回顾我国高校体育改革与发展历程,在肯定成绩的同时也要清醒地认识到存在的诸多矛盾与问题。深化改革、化解矛盾、解决问题需要借鉴韩国乃至世界各国的发展经验,立足国情,坚定不移地走新时代中国特色社会主义体育道路将是我国高校体育改革与发展以及体育俱乐部制创新发展与持续发展的历史选择。

第八章　高校体育课程"选项＋俱乐部"模式的构建与实施

高校体育课程"选项＋俱乐部"模式,是基于特定教育教学条件,面向一年级学生开设课内选项,面向全校学生开设课外俱乐部,达到课内与课外一体、选项与俱乐部互补、课内选项教学与课外俱乐部指导联动,并最终实现高校体育课程目标的相对灵活与开放的课程模式。本章重点阐述高校体育课程"选项＋俱乐部"模式的基本内涵及总体框架,从国外模式的经验借鉴及国内模式的现实选择两个方面解析"选项＋俱乐部"模式的构建基础,聚焦"教会、勤练、常赛",提出"选项＋俱乐部"模式的实施策略,为新时代我国高校体育俱乐部制的创新发展与持续发展提供实践支持。

第一节　"选项＋俱乐部"模式概述

20世纪90年代,深圳大学率先在全国高校实施体育教学俱乐部改革,虽然未能取得实质性进展,但对我国高校体育课程的后期发展起到了引领与示范作用,俱乐部由此成为我国高校体育领域的高频词。"选项＋俱乐部"可以视为俱乐部的拓展与延伸,其中选项在此意为选择运动项目。2002年,教育部印发《全国普通高等学校体育课程教学指导纲要》(以下简称《课程纲要》),倡导在教师的指导下,学生应享有自主选择课程内容、自主选择任课教师、自主选择上课时间的自由,营造生动、活泼、主动的学习氛围。由此正式开启了我国高校体育课程的选项教学。时至当下,我国高校体育课程的实际运行,其实仍然自觉或不自觉地在选项与俱乐部之间游离与徘徊。

一、基本内涵

课程模式是典型的、以简约的方式表达的课程范式,具有与某种特定教育条件相适应的课程结构和课程功能,《教育大词典》将课程模式(curriculum models)理解为课程类型(curriculum types or categories)。课程模式既是一种结构模式，也是一种功能模式。它一方面规定课程的内部构成并设定其内部关系，另一方面又以特定的功能假设为指向。关于体育课程模式，可以概括为设计、组织和调控体育教学活动的一整套方法论体系。为实现一定的课程目标，它以体育教育教学理论为指导，通过相应的操作，选择和确定课程内容、教材教法、管理手段以及制定评价标准等。高校体育课程"选项＋俱乐部"模式，可以理解为我国普通高校体育课程的一种范式或类型，是基于我国高等教育改革与发展理念，以实现体育课程目标为导向并结合高校实际而设计的总体方案。

"选项＋俱乐部"是课程模式，区别于平常人们所说的教学模式，其内部构成清晰地体现为选项和俱乐部两大板块。该模式以运动项目为抓手，通过选项（项目）实施课内教学，完成教会任务，立足选项（项目）开展俱乐部活动，落实勤练与常赛任务。选项教学与俱乐部活动相互促进，前者可以借鉴后者的组织与活动形式，后者可以巩固与延续前者的教学成果。当下的困惑是，人们关于选项和俱乐部的认知还比较模糊，部分学者甚至将课程模式与教学模式混为一谈，因而影响了我国高校体育课程的改革与发展以及高校体育俱乐部的建设与发展。

现实背景下，"选项＋俱乐部"模式可以视为我国高校体育课程模式的一个发展阶段，它不仅涵盖课内外一体的诸多要素，而且具备完整课程模式应有的特定主题、结构与功能。"选项＋俱乐部"模式在主题表现上，是课内体育与课外体育、学校体育与社会体育、高等体育与终身体育、阶段体育与生涯体育等有机统一体；在结构表现上，是组织严密的课内体育教学、丰富多彩的课外体育活动、相对系统的课余运动训练、科学合理的体质健康监测、中华优秀体育文化的传承创新等具体内容；在功能表现上，立足健康第一，谋求学生发展，全面提高大学生身心健康素质以及终身体育意识与能力。

总之，所谓"选项＋俱乐部"模式，是基于特定教育教学条件，面向高校一年级学生开设课内选项，面向全校学生开设课外俱乐部，达到课内与课外一体、选项与俱乐部互补、课内选项教学与课外俱乐部指导联动，并最终实现高校体育课程目标的相对灵活与开放的课程模式。

二、总体框架

"选项＋俱乐部"模式的主体构想,是将高校体育的全部以及大学生在校体育的全过程纳入高校体育课程,在高校体育大课程观的视野下,通过选项与俱乐部两大板块的全面运行实现高校体育课程目标(见图8-1)。在实际运行过程中,严格执行《课程纲要》与《高等学校体育工作基本标准》(以下简称《基本标准》),并通过实施《国家学生体质健康标准》(以下简称《健康标准》)进行有效监控。

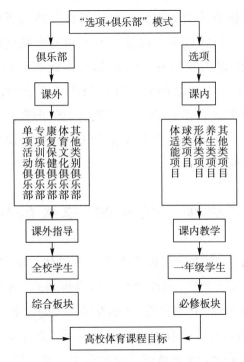

图8-1 "选项＋俱乐部"模式总体框架

(资料来源于《体育文化导刊》2015年第11期第140页)

选项板块,主要面向高校一年级学生,少数重修一年级课程的其他学生也可参与;通过自主选项组建教学班级实施2个学期课内教学,旨在实现我国大、中、小学校体育的无缝对接以及系统提高学生所选项目的驾驭能力,系必修板块。该板块的最大特征是体现必修性质的刚性约束,符合我国学校体育的特定教育条件。在具体项目设置上以单项项目为主,学校结合实际开设体适能、球类、形体类、休闲类、养生类以及其他类别等的活动内容,学生根据自身兴趣爱好、健身需求自主选择。具体表现形式是教师实施组织严密的课内体育教学,学生获得必修学分。

俱乐部板块,面向全校学生,通过组建各种类型的体育俱乐部实施课外指导,旨在满足学生个性化需求以及为终身健身(生涯体育)打下良好基础,系必修与选修共存的综合板块。该板块的最大特征是将大学一年级课内教学之外的所有学校体育活动归类为俱乐部,概括为单项活动俱乐部、专项训练俱乐部、康复保健俱乐部、体育文化俱乐部以及其他类别俱乐部等,体育社团、单项体育协会等组织与俱乐部具有共同属性,本书将其视为其他类别俱乐部。在具体设置上以某个单项和某个系列内容为主,学校结合实际开设,学生根据需求选择。俱乐部群体既有必修人群也有选修人群,必修人群的2个学分可以在大二以后的任意2个学段(学期)完成,具体表现形式是教师实施灵活机动的课外指导,给予学生最大的自治权,帮助学生自主开展相关活动。必修人群获得《课程纲要》规定的必修学分,选修人群获得相应选修学分。

第二节 "选项+俱乐部"模式的构建基础

1860年,美国的一所大学在世界上首先开设体育必修课。我国高校最早引入体育课的是武汉大学,1899年首开体育课,1917年将其列为必修课。我国高校体育课程的产生并非自发,是在外界巨大的发展压力和政府的强行干预下启动并发展的,所以带有很强的模仿性质。新中国成立后,我国高校体育课程模式在思想与实践上经历过两次重大变革。第一次是在学习苏联经验基础上建立的技能教育课程体系,第二次是在改革开放以后建立的以体质教育为核心的课程模式。我国高校体育课程模式的建立借鉴了国外高校的基本经验,同时也打上我国高校体育的发展烙印。

一、国外模式的经验借鉴

欧、美等发达国家高校体育课程具有很强的灵活性和很大的自主权,课程模式总体以课内为辅、课外为主,课内教学以单个运动项目或独立功能板块为基本内容,课外指导以俱乐部为主要形式,其基本经验表现为尊重学生选择、促进身心全面发展、培养终身体育意识与能力、强化健身与娱乐、注重体验与参与、开发校内与校外、重视体育组织(俱乐部等)建设与发展等方面。

虽然美国是世界上最早开设高校体育必修课的国家,但目前几乎所有美国高校都将体育课设为选修课,然而,有60%以上的美国高校认为体育课应该为必修科目。美、德两国的高等学校并不存在教育行政部门规定的体育教学指导纲要,因此各校有不同的体育课程模式。美国课程模式可以归纳为竞技体育模式、健身体育模式、社会责任模式、学科联合模式4种类型。德国把体育课的名称改为竞技(sport)课,强调体育课的娱乐和竞赛因素,拥有运动项目、开发运动行为、强调体验和参与3种模式。德国高校体育课程学分不占必修学分,通过学生自主、自愿、自发参与学校体育俱乐部的形式组织实施,德国的学校体育俱乐部实质上和社会体育俱乐部融为一体(前章已有论述)。

当下,全世界的高校体育都面临一个用什么样的体育形式替代正在逐渐消亡的体育必修课的问题。社会发展的需求、大学生的身心特点和体育学科的知识体系等三大要素有效地推动了我国高校体育课程的发展。我国中小学体育相对薄弱的基本现状以及学校体育与社会体育相对脱节的客观现实在一定程度上强化了我国高校体育课程的必修性质。欧、美等发达国家的高校体育课程模式,我们可以借鉴,但一定不能完全照搬,在此背景下的"选项+俱乐部"模式应该是一种阶段性选择,其特定主题、结构与功能既反映了欧、美等发达国家高校体育课程模式的发展理念,同时也体现了新时代中国特色社会主义的基本国情,进而助推我国高校体育课程模式的国际化进程。

二、国内模式的现实选择

自1898年梁启超起草《奏定京师大学堂章程》并将体育同文学、经学、理学、掌故学、诸子学和初等算学、地理学一同列为必修课程以来,我国高校体育课程已经走过120余年历程,课程模式的形成与发展一度带有很强的模仿性质,先后学习过德国、日本的军国民体育思想,欧美的自然主义体育思想,苏联的劳卫准备体育思想。1979年,在扬州召开的学校体育工作会议上,首次提出"学校体育以增强体质为主"的观点,为我国普通高校体育课程模式的后续发展奠定了思想基础。

伴随《课程纲要》的颁布实施,我国高校体育课程逐步形成了比较有代表性的 4 种模式,也可理解为课程模式发展的 4 个阶段。第一阶段为"三段模式",即一年级开设普通体育课、二年级开设选项体育课、三年级及以上开设任选体育课模式。目前,该模式在许多地方高校仍然占据一定位置。第二阶段为"双轨并行模式",即在一年级、二年级 2 个必修学年内同时创建普通体育课与选项体育课,由学生根据自己的条件与兴趣自主选择模式,该模式在一定程度上扩大了学生的自主权。第三阶段为"一体化模式",即课内与课外相结合,在开设普通体育课、选项体育课、专项提高课和保健体育课的同时创建课外体育俱乐部模式,该模式在特定环境下为大学生未来发展提供了体育功能套餐。第四阶段为"俱乐部模式",即学生以体育俱乐部为载体,教师按专项分工负责并进行指导与考核模式,该模式在学生自治的基础上具有很强的灵活性。

上述 4 种模式呈递进关系,俱乐部模式处于最高阶段。然而在现实背景下,该模式能否在我国各级各类高校全面施行需要达成共识。20 世纪 90 年代以来,以深圳大学为代表的许多高校实施了以体育俱乐部为载体的高校体育课程改革,然而近 30 年来,改革的成果究竟如何,我们应该有充分而客观的认识,单就大学生体质连续下降这个层面进行分析,至少告诫我们这种看似理想的课程模式并未取得预期效果。

高校体育课程具体采取何种模式,其实是多种因素共同作用的结果。就高校个体而言,体育课程模式的选择最终取决于各所学校办学理念、办学水平、办学层次、办学条件、办学实力等相关要素。就体育课程本身而言,课堂教学(教会)、课外活动(勤练)、体育竞赛(常赛)是并驾齐驱的三驾马车,三者之间相互补充、相互促进,共同推进高校体育健康发展。当下,我国之所以十分重视高校体育课程并关注课堂教学,既是明智之举也是无奈之策。一是因为青少年学生尤其是中小学生更多的是忙于文化知识学习,而忽视体育锻炼。近 30 年来,大学生体质健康水平下滑的态势还没有得到有效遏制。开设权威性、多样性、强制性的高校体育课程,可以帮助大学生学习体育知识、掌握运动技能、提高身体素质。二是大学生自我健身意识不强、锻炼的积极性不高,相当比例的大学生没有擅长的运动项目。开设系统的、有组织有计划的高校体育课程以及开展课堂教学活动,不仅能够教会大学生体育知识、健身技能,而且能够规范大学生的终身体育行为。三是我国高校体育场馆资源不充分、不平衡的矛盾依然比较突出,无论是场馆的数量,还是场馆的种类,都无法满足完全意义上的俱乐部模式的活动要求。组织有序的课堂教学活动,不仅可以提高体育课程质量和大学生的健身效果,而且可以合理调配课余体育的场馆资源。

高校体育课程是关乎大学生健康发展的应用型课程,涉及生物、教育、心理、社会等多学科领域,不仅要向大学生传授体育知识与技能,而且要将体育作为一种思维方式、行为方式、生活方式和价值观念传输出去,帮助大学生在增强体质的同时,养成良好的终身健身习惯。因此,高校体育课程模式不可能凭空产生,只有在高校体育教育教学实践中通过检验的课程模式,才能得到普遍认可与接受。这种完全意义的俱乐部模式在很大程度上脱离了我国高校体育的基本现实,可以说,"选项+俱乐部"模式是对包括俱乐部模式在内的上述4种模式的归纳与提炼,顺应我国现阶段基本国情、高等学校校情,既符合《课程纲要》与《基本标准》的刚性要求,又给广大学生设置了可供选择的功能套餐(见图8-2)。

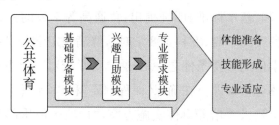

图8-2 "选项+俱乐部"模式功能模块

(资料来源于《体育文化导刊》2015年第11期第142页)

第三节 "选项+俱乐部"模式的实施策略

高校体育课程"选项+俱乐部"模式是以运动项目为载体的课程模式,换言之,选项也好,俱乐部也罢,都不能脱离具体项目而独立存在。该模式的最大特征,就是通过选项(项目)实施课内教学,立足选项(项目)开展俱乐部活动。当然,高校体育课程"选项+俱乐部"模式在具体实施上还必须围绕《课程纲要》和《基本标准》展开,并通过《健康标准》加以检验,以此才能不断推进新时代中国特色高校体育的改革与发展以及我国高校体育俱乐部制的创新发展与持续发展。

一、总体刚性与个体柔性相对平衡

我国高校已经步入特色办学、多元发展的重要时期,围绕人才培养总体要求设置体育课程是高等学校的现实选择。截至2019年6月15日,教育部公布的全国高等学校共计2956所,其中普通高等学校2688所(含独立学院266所),成人高等学校268所。我国高校虽然办学层次相对比较繁杂(有学者按23个层次划分)、办学规模不一和办学水平参差不齐,但探视我国各级各类高校的实际教学进程不难发现,大一学年大多为时间和空间相对稳定的基础教学阶段。该学年既是大学生由高中到大学的适应期,也是大学生良好体育习惯的养成期,因而就高校体育而言,大一学年也就是大学阶段的第1和第2学期,是我国高校体育必修课程开设的黄金期。因为大二学年以后,伴随专业课程学习的逐步深入,实验实训、季节实习、课程实习、社会实践乃至境外游学等活动势必对高校体育课程的正常开设产生干扰性影响。

《课程纲要》和《基本标准》明确提出:普通高等学校的一、二年级必须开设体育课程(本科144学时、专科108学时),修满规定学分、达到基本要求是学生毕业、获得学位的必要条件之一;普通高等学校对三年级及以上学生(包括研究生)开设体育选修课。在确保《课程纲要》和《基本标准》刚性约束的前提下,针对高等学校人才培养具体实施方案,"选项＋俱乐部"模式需要寻求总体刚性与个体柔性的相对平衡。

所谓总体刚性,是指学校层面的体育课程设置,需严格遵从《课程纲要》和《基本标准》的刚性约束;确保高校体育的必修性质与必修学分要求,最大限度地发挥高校体育的育人功能。所谓个体柔性,是指学生层面的体育课程安排,需积极适应专业人才培养方案的具体要求;确保高校体育课程的有序开展与实际效果,最大限度地实现高校体育的育人价值。

选项以课内教学为基本形式,固定在大一学年开设,教学时段进入学校统一课表,主要面向大学一年级学生,实施组织严密的课堂教学,完成学习任务、通过相应考核,即可获得必修学分。少数大学二年级及二年级以上学生因故未能获得大一学年必修学分的,可以在不产生学习冲突的前提下,参加大一学年的课内选项教学,完成学习任务并通过相应考核可以获得重修学分。

俱乐部以课外指导为基本形式,不分学年开设,指导时段不进入学校统一课表,面向全校学生(包括研究生),大学一年级学生在课内选项教学的基础上可以同时参加课外俱乐部指导,完成学习任务、通过相应考核获得选修学分,二年级及以上学生参加课外俱乐部指导,完成学习任务、通过相应考核首先获得必修学分,必修学分完成再行计入选修学分。

总之,选项教学的基本设计,确保了大一学年体育必修课程的正常开设,为大学生体育生涯奠定了体育认知、身体素质及运动技能基础;俱乐部指导的基本设计,在一定程度上满足了不同兴趣爱好以及学有余力学生的个性化需求,有利于广大学生在体育学习的内容以及时间和空间上作出自主选择。"选项+俱乐部"模式为我国各级各类高校的体育课程开设提出统筹构想,既强化了高校体育的必修性质,又在一定程度上平衡了学校与学生、资源与需求、体育学习与专业学习、课内与课外等之间的关系,通过选项教学与俱乐部指导两条路径,能够较好地实现高校体育的课程目标。

二、课内教学与课外指导有机联系

高校体育课程"选项+俱乐部"模式将高校体育统筹为课内与课外两大板块,在突出大一阶段课堂教学的基础上,把有目的、有计划、有组织的课外指导纳入体育课程,努力拓展高校体育课程的时间、空间、内容及形式,充分发挥学生的主体作用和教师的主导作用,努力形成课内选项与课外俱乐部有机联系的课程结构。

课内选项以组织严密的课堂教学为主要形式,学生在教师的指导下通过"三自主"方式对课程内容、授课教师、上课时间进行选择,打破原有系别、班级建制,重新组合上课。当下,我国高校"三自主"的自由度参差不齐,不同层次的高校差别明显,清华大学、北京大学这类高校的体育课程已经完全进入"三自主"状态,但对绝大多数高校尤其是地方高校而言,所能实现的自主可能还十分有限,重新组建的教学班级也只能在人员、时间、空间等相对固定的前提下每周开展1次(2个学时)课堂教学活动,在课程内容的选择上可能也仅仅局限于学校能够开设的运动项目。然而即便如此,高校体育的选项教学仍然在很大程度上体现了我国高校体育课程与高校人才培养的吻合度。

课外俱乐部以学生自治为主要形式,学生在教师的指导下自主开展形式多样的课余体育活动,不仅在组织形式上打破原有系列、班级建制,而且在活动内容、活动时间与空间以及指导教师的选择上有很大的自主权与自由度。根据学校人才培养总体要求并结合学校实际,可以将运动队训练、课外体育锻炼、校内外体育竞赛、大型文体汇演、体育社团与体育协会常规活动以及康复保健专门指导等均以俱乐部的形式纳入体育课程,可以利用早、中、晚、双休日、节假日等课余时间,灵活机动地开展体育俱乐部活动。学生可以结合课堂教学体验、身体适应状况、体育禀赋、兴趣爱好等因素选择适合自己的体育俱乐部。课外体育俱乐部依据参与人数每天每项至少开展1次以上指导活动,每次的指导活动每项至少安排2名以上主管教师,提供分级和个性化指导供学生自主选择。学生一旦选择某项课外体育俱乐部,必须达到规定的参与次数和活动时间,完成相应任务、通过相应考核方可获得课堂教学之后的必修学分以及必修学分之后的选修学分。

三、学生需求与学校实际统筹兼顾

高校体育课程内容对"选项+俱乐部"模式的实际运行产生重要影响,关于如何确定课程内容,《课程纲要》明确了5条主要原则。一要做到健身性与文化性相结合。要求紧扣课程的主要目标,把健康第一的指导思想作为确定课程内容的基本出发点,同时重视课程内容的体育文化含量。二要做到选择性与实效性相结合。要求各级各类高校根据学生的特点以及地域、气候、场馆设施等不同情况确定课程内容,力求丰富多彩,为学生提供较大的选择空间,并注意与中学体育课程内容的有效衔接以及促进大学生健康发展的实效性。三要做到科学性与可接受性相结合。要求教学内容与学科发展相适应,反映本学科的新进展、新成果,要以人为本,遵循大学生的身心发展规律和兴趣爱好,既要考虑主动适应学生个性发展的需要,也要考虑主动适应社会发展的需要,为学生所用,便于学生课外自学、自练。四要做到民族性与世界性相结合。要求弘扬我国民族传统体育,汲取世界优秀体育文化,体现时代性、发展性、民族性和中国特色。五要充分反映和体现《健康标准》的内容和要求。然而当下的情形是，我国各级各类高校虽然都在努力地遵循这5大原则，但是许多学校所能开设的课程内容还是很难满足学生的体育需求，因而存在学生需求与学校实际不能对等的现实问题。

高校体育课程究竟开设多少内容以及开设哪些内容，是多要素共同作用的结果。单就高校个体而言，除了学校体育课程管理部门必须有所作为，如下两大关键要素不容忽视。一是学校场馆设施与师资资源，该要素是高校体育课程开设的物质基础；二是学校领导层尤其是学校主要领导的体育教育观念，该要素是高校体育课程开设以及进一步拓展的思想基础。在这两大关键要素中，前者能够达到何种程度，离不开经济方面的强有力支撑；后者虽然能够决定前者的基本状态与未来发展程度，但是能否达到理想预期，重在不能脱离学校生存与发展的基本现实。因此，在课程内容的设置上，应力求做到学生需求与学校实际统筹兼顾。

结合高校体育课程"选项＋俱乐部"模式的实际运行，本书认为，我国各级各类高校应在综合考量各自学校生存、建设与发展情况的基础上统筹设置体育课程内容，在坚持《课程纲要》提出的5条原则的前提下，就选项和俱乐部两大板块作出相应安排。关于选项板块的课程内容的设置，应符合《课程纲要》中的基础目标。侧重于健身基础，比如体适能项目、健身健美项目等；突出民族特色，比如中国传统武术、中华健身气功等；强化兴趣爱好，比如大学生在中学阶段就已经乐意参与的运动项目等；关爱特殊群体，比如康复、保健项目等；同时把《健康标准》的内容和要求贯穿于其中。关于俱乐部板块的课程内容设置，应符合《课程纲要》设置的发展目标。不断开展健身基础项目、民族特色项目、康复保健项目，继续强化兴趣爱好项目，努力拓展个性化需求项目，同时把大学生体质健康的监测工作贯穿于其中。然而，无论是选项板块还是俱乐部板块，游泳项目是否开展通常使许多高校处于两难境地。游泳既是生存类项目又可视作健身类项目，不少有条件的高校已经将200米游泳作为必须达标的体育课程内容，但我国许多高校还没有游泳场馆，因此在一定程度上而言，"选项＋俱乐部"模式的具体实施也为我国高校有效利用社会及兄弟院校游泳场馆搭建了资源共享平台。

四、教师评学与学生评教双向互动

高校体育课程评价包括对学生的学习、教师的教学和课程建设等3个方面。体育教师是课程教学的组织者、课外指导的执行者与辅助者，而学生则是具体活动的参与者与受益者。教师评学主要是对学生的学习效果和过程进行评价，反映学生的学业水平。学生评教主要是对教师业务素养、课堂教学以及课外俱乐部指导等情况进行评价，反映教师的职业水准。教师评学与学生评教相互促进，通过评学促进学生健康成长，通过评教促进教师业务提升。坚持学生评教与教师评学双向互动，有利于"选项＋俱乐部"模式运行质量的全面提升。

关于教师评学，应注重终结性评价与过程性评价有机结合，尽量淡化甄别与选拔功能，根据课内选项教学与课外俱乐部指导等不同类型的课程有针对性地开展教师评学活动，旨在激发学生的运动潜能、增强学生的健身意识、培养学生的运动习惯以及终身体育的行为与能力。课内选项教学以学生的运动技能与体能、体育认知与能力、学习态度与行为、进步幅度与团结协作等为主要评价内容，以教师评定为主要评价方式，可以通过线上和线下两条途径进行。课外俱乐部指导除上述评价内容外，还结合俱乐部特点，把学生的参与情况、活动的组织与管理情况、交往与合作情况、情意表现情况以及校内外竞赛情况等作为评价的重要内容，主要采用学生自评、同学互评、教师评定等评价方式。

关于学生评教，主要是评价教师的教学与指导态度、教学与指导能力、教学与指导水平等基本内容，采取网络评价的方式进行。为矫正学生对教师的极端评价，保证学生评教的客观性与公正性，网上评价分值位于前后各一定比例（10％左右）的学生评价不纳入评教范畴。由于课内选项教学与课外俱乐部指导的类别不同，教师个体的最终评价结果可以按课内教学与课外指导的相应比例确定等级。

关于课程建设评价，主要包括课程结构体系、课程内容、教材建设、课程管理、师资配备与培训、体育经费、场馆设施以及课程目标的达成程度等，采用多元综合评价的方式进行。"选项＋俱乐部"模式中的俱乐部板块，师生的自由度较大,对学校的场馆设施、教师的责任心、学生的自律性等提出了更高要求,因此在坚持教师评学与学生评教双向互动的基础上,要更加注重高校体育课程建设的客观评价。在评价过程中,应重点关注"选项＋俱乐部"模式的实际运行与学校人才培养的吻合度、与大学生体育运动及终身健身需求的满意度、与家长及社会对大学生体育行为的期望度。

五、质量监控与资源利用同步跟进

"选项＋俱乐部"模式在课程设置、课程结构、课程内容、组织形式、评价方式等方面的多元化与灵活性对高校体育课程保障提出高规格要求。全国各级各类高校由于办学层次、办学理念、办学实力等差异较大,因此在具体保障上差别也比较明显,综合多方面因素,学校的保障作用主要体现在质量监控与资源利用两个方面。坚持质量监控与资源利用同步跟进,是高校体育课程实施"选项＋俱乐部"模式的重要支撑。

质量监控的根本任务是建立健全相关制度并切实加以执行,鉴于此,"选项＋俱乐部"模式在实际运行过程中,最为首要的是建立和完善课内选项教学与课外俱乐部指导有机联系的质量监控体系。作为一种制度设计,该体系要把具体监控任务落实到课堂教学与课外指导的前、中、后三个环节。通过教学班级及俱乐部组建、师资队伍培训、师资力量调配、开课计划审定、执行计划制定、期初检查等措施实现课内教学与课外指导前期监控。通过各级各类人员(学校领导、学校督导、部门领导、部门督导、同行)随堂听(看)课、教风学风督查、学生评教、教师评学、督导员与信息员反馈、期中检查等措施实现课内教学与课外指导中期监控。通过教师个人总结、同行评价、领导评价、督导员评价、学生满意度调查、学生成绩分析、期末检查等措施实现课内教学与课外指导后期监控。另外,要充分发挥《健康标准》监测评价工作的杠杆作用。

资源利用的根本任务,首先是盘活并充分利用学校现有资源,其次是因时因地制宜开发利用各种课程资源。人力资源、场馆设施资源、地理环境资源、网络资源等是高校体育课程实施"选项＋俱乐部"模式的保障,主要表现为既要最大限度地利用也要有的放矢地开发这些资源。通过培养、培训、自我提升等途径提高体育教师适应性,通过课余活动、竞赛交流等途径挖掘领导干部、体育特长教师、学校医务人员、体育特长学生、社会体育指导员、家长以及班主任辅导员的体育潜能,通过时间、空间、内容及形式的合理调配提高场馆设施的使用效率,结合校内外地理环境资源因地制宜地开辟健康安全的活动场所,利用网络资源创建相对独立的自主选课与学习系统、体质监测与管理系统、成绩评定与反馈系统、质量监控与评价系统等校园共享平台。

当下,在资源利用方面,需特别关注健康知识、运动技能的传播与来源渠道。教师要充分利用线上教学资源的传播优势,实现线上教学与线下教学的有机融合。学生要广开体育知识(运动技术)获取渠道,通过自媒体等直观手段提升自己的学习效果。在质量监控方面,也要特别注重课程资源的多样性。质量监控与资源利用只有做到同步跟进,高校体育课程"选项＋俱乐部"模式在实际运行中才能实现与时俱进,也才能积极推进新时代我国高校体育俱乐制的创新发展与持续发展。

第九章　俱乐部制背景下高校体育名师工作室的创建与引领

高校体育名师工作室是高校体育名师领衔下的团队组织,是体育学科团队在高校的一种存在形态,是带有校本特色的、相对松散的、非行政性质的体育学科共同体。本章重点阐述高校体育名师工作室的基本内涵及价值取向,提出俱乐部制背景下高校体育名师工作室的创建策略,在突出"点的凝聚、线的延伸、面的辐射"等名师工作室效应的基础上,解读俱乐部制背景下高校体育名师工作室的引领路径,为新时代我国高校体育俱乐部制的创新发展与持续发展提供团队引领。

第一节　高校体育名师工作室概述

高校体育名师工作室以高校体育学科为载体,当下,在我国高校体育俱乐部的建设与发展以及高校体育俱乐部制的创新发展与持续发展等方面所发挥的作用尚未达到应有程度,其根源主要在于思想观念存在偏差、关键要素缺乏深度挖掘,总体存在名师地位高但核心作用不足、教师期望高但实际行动不足、行政要求高但团队活力不足、创建热情高但后期发展不足等诸多困惑与问题。

一、基本内涵

高校体育名师工作室的关键词汇可以理解有3个层面。第一个层面是名师。毋庸置疑,名师既是工作室的核心,又是工作室的根基,没有名师,工作室也就不复存在。第二个层面是名师工作室。这个层面意味着名师不能脱离其他成员而独立于工作室之外。当然,其他成员也必须以名师为核心,并围绕名师开展相应工作。第三个层面是高校体育名师工作室。该层面明确了名师工作室的学科归属。也就是说,工作室成员的相应工作依托高校体育学科开展。总之,高校体育名师工作室是高校体育名师领衔下的团队组织,是体育学科团队在高校的一种存在形态,是带有校本特色的、相对松散的、非行政性质的体育学科共同体。

高校体育名师工作室通常由体育名师、骨干体育教师、普通体育教师3类成员构成,成员之间相互支撑。工作室由体育名师牵头组建,成员由学校遴选,上级主管部门认定。体育名师是共同体的核心,起组织、引领、凝聚、示范、激励、辐射与带动作用,其个人层次决定名师工作室的创建与认定层次,其德行修为、品质业绩、思想观念、知识结构、能力水平、社会实践等决定名师工作室的发展层次。骨干体育教师既是体育名师的工作对象也是重要助手,在共同体中起桥梁与纽带作用,其品行、态度、能力等对名师工作室的实际运行产生重要影响。普通体育教师既是体育名师的工作对象也是重要参与者,是共同体可持续发展的有生力量,其发展水平在一定程度上体现名师工作室的运行效果。总之,高校体育名师工作室的所有成员均是我国高校体育俱乐部建设与发展以及新时代我国高校体育俱乐部制创新发展与持续发展的推动者、践行者。

高校体育名师工作室能否达到预期目标,成员个体的准确定位以及成员之间的协调配合至关重要。每位成员都是工作室的一分子,根据工作室的目标设定及工作计划,均应承担相应任务、落实相关事项。成员之间只有角色分工不同,没有高低贵贱之分,每位成员的作用都不容忽视。高校体育名师工作室的根本任务就是将工作室的全体成员凝聚在一起,最大限度地发挥高校体育的育人功能。

二、价值取向

名师工作室的价值取向取决于名师工作室的基本类型,结合高校的层次、类别、定位、特色、优势等诸多要素,可将名师工作室的基本类型大致划分为教学型、研究型、技能型、综合型等4种。我国高校体育名师工作室的基本类型大多属于综合型,少数研究能力突出或体育竞技优势明显的高校体育名师工作室也可以界定为研究型或技能型,但这类工作室大多分布在体育专门院校。高校体育的学科属性决定其主体功能在于大学生体质健康促进、身心健康发展、终身体育培养以及校园体育文化培育与传承、体育社会化推进等相关方面,具体表现形式主要包括体质健康监测、体育课堂教学、课余体育活动、运动训练与竞赛、学科研究以及体育俱乐部的建设与发展等相关内容。高校体育的学科属性在一定程度上界定了高校体育名师工作室的综合类型,所谓研究型或技能型也可理解为综合型基础上的一种拓展。

高校体育名师工作室的价值取向呈现较强的学科特点,可以概括为以下内容:一是引领团队成员顺应高校人才培养对高等体育教育的学科要求,实现高校体育育人功能;二是提升团队成员高校体育育人本领,促进大学生体质强健与身心健康;三是强化团队成员终身体育教育观念,增强大学生终身健身意识与能力;四是激励团队成员夯实体育文化基础,打造校园体育文化品牌;五是发挥团队成员运动技能优势,提高大学生体育竞技水平;六是凝聚团队成员学科研究内生动力,推进高校体育学科可持续发展。

高校体育名师工作室价值取向的全部内容以团队成员为主线贯穿,既是高校体育名师工作室创建与发展的重要遵循,也是我国高校体育俱乐部建设与发展以及新时代我国高校体育俱乐部制创新发展与持续发展的有生力量,最终的实现程度决定工作室的层次与类型。

第二节 高校体育名师工作室的创建策略

高校体育是高校通识教育公共学科,学科的现实地位不高、师资队伍文化水平偏低以及发展不平衡等问题比较突出,高校体育名师工作室的创建难度相对较大。只有牢牢抓住团队这个关键要素,通过打造团队、组建团队、提升团队三大策略并将体育俱乐部的建设与发展贯穿于整个过程,高校体育名师工作室才能实现预期目标,也才能进一步引领新时代我国高校体育俱乐部制的创新发展与持续发展。

一、通过学科平台打造团队

打造团队是名师工作室创建工作的基本前提,以体育学科为平台打造团队是高校体育名师工作室创建工作的重要抓手。高校体育名师工作室的萌芽,应该是一批具有共同目标追求的高校体育教师的自觉汇聚。打造团队的目的,就是要把个体的自觉行动转化为团队的集体行为。在打造团队的过程中,体育俱乐部作为高校体育的课余组织,也是体育学科平台的有力支撑。

团队成员的行为转化不可能自发产生,名师的辐射效应十分关键。作为高校以及体育学科管理层,要积极培育、发现、认定体育名师,并激励其发挥示范引领与组织带动作用。作为体育名师,要紧紧围绕体育学科,通过教育教学、学科研究、运动训练、体育竞赛等系列活动以及体育俱乐部的实际运行,有的放矢地发现并培养团队骨干,组织并凝聚团队成员,为工作室的团队打造作出前期积累。

高校体育名师工作室的团队打造,其实是一个循序渐进的漫长过程,在实际操作中,借助学科平台强化教研科研尤为重要。通过教学科研项目的申报、立项、实施等具体过程,可以潜移默化地形成若干基础性团队,以此为基点,努力培养团队成员的兴趣与专长、确立团队骨干的优势与方向、形成团队带头人的成果与影响,进而做大团队、做强骨干、做实带头人,为新时代我国高校体育俱乐部制的创新发展与持续发展奠定团队基础。

二、通过目标导向组建团队

组建团队是名师工作室创建工作的重要标志,以目标为导向组建团队是高校体育名师工作室创建工作的价值遵循。组建团队既是创建工作的关键环节,也是打造团队的持续推进。伴随团队建设的不断深入,团队实力得到增强,学科梯队、学科骨干、学科带头人等逐渐明晰,组建团队的相应条件日臻成熟。组建团队的正式启动表明创建工作步入实质性阶段,确立创建目标并付诸实施是组建什么样的团队以及如何组建团队的必然要求,其间,高校体育俱乐部的建设与发展始终对创建目标的确立与实施产生积极影响。

高校体育名师工作室的团队组建是一个相对细化的运行过程,在实际操作中,坚持目标导向意义重大。首先要明确总体目标。高校体育名师工作室的总体目标就是全面落实立德树人根本任务,全面提升高校体育育人功能,以"师德高尚、作风优良、求真务实、勤奋好学、锐意进取"为组建标准,通过整合团队资源建立项目团队,发挥名师、团队骨干的传帮带作用,切实增强团队成员综合素质、体育素养、育人本领,促进团队成员持续健康发展,促进大学生持续健康成长。其次要实施过程目标。一是基于总体目标的认同组建团队,本着自愿原则实现滚动发展,在统一思想、凝聚共识的基础上,确保团队建设有规划、个人发展有计划;二是基于分项目标的认可组建团队,本着彼此信任实现协调发展,在名师引领、示范、带动的基础上,确保团队骨干有组织、团队成员有分工;三是基于个人目标的认定组建团队,本着锐意进取实现共同发展,在过程监控、督促检查的基础上,确保个人发展有方向、任务落实有跟踪。

当下,我国高校体育的改革与发展以及高校体育俱乐部的建设与发展依然面临严峻形势,因此,高校体育名师工作室在组建团队的过程中,既要坚持目标导向,也要兼顾具体实际,在全面考量的前提下,应最大限度地激发团队组织的凝聚力与团队成员的执行力。

三、通过任务驱动提升团队

提升团队是名师工作室创建工作的本质要求,以任务为驱动提升团队是高校体育名师工作室创建工作的动力源泉。团队成员的成长历程、文化基础、工作积累、职务职称、教育教学、专业素养、个性特征、价值追求等存在差异,整体提升不可能齐头并进。在系统推进中,团队组织分解任务、团队成员明确任务、团队个人落实任务等环节以及通过体育俱乐部实际运行的参与体验等行为,将会帮助每位团队成员尽快确立各自发展方向并在自己的优势领域取得进展。

高校体育名师工作室的团队提升是一个由量变到质变的发展过程,在实际操作中,明确具体任务至关重要。体育学科运动项目较多,涉及内容较广,团队成员尤其是年轻成员很难做到面面俱到,但每位成员在课堂教学、课余体育活动、运动训练与竞赛、学科研究、社会服务以及体育俱乐部指导等具体领域都有自己的强项与优势。工作室首要因人制宜拟订提升计划,以项目团队为单元分解任务,为团队提升打下组织基础;其次要确立优势互补总基调,引领团队成员明确任务,为团队提升打下思想基础;再次要强化绩效观念,鼓励团队成员突出优势、自我定位、主动作为,为团队提升打下行为基础。

团队成员在具体任务的驱动下各司其职、协同共进、相互支撑、相互影响、相互借鉴、共同提高,无疑是高校体育名师工作室成功创建的重要保证。然而在具体实施过程中,可能会出现这样和那样的情况,也可能存在这样和那样的问题。面对此情此景,作为名师要积极发挥引领与指导作用,对出现的情况及存在的问题要作出客观分析与准确判断,及时找出症结所在并有针对性地加以解决;作为团队骨干,要积极发挥沟通与协调作用,协助名师开展相应工作;团队中的每一位成员包括名师本人,都要积极检讨自身行为,进而达成理性共识。总之,通过团队内部的深度交流与积极合作,在明确总体任务的基础上,进一步梳理团队成员应该落实以及需要调整的具体任务并以此为驱动,将会最大限度地提升团队的综合实力。

我国高校体育名师工作室的创建工作已经引起业界的普遍关注,以学科为平台打造团队、以目标为导向组建团队、以任务为驱动提升团队也取得了一定成效。然而,由于高校体育的学科基础相对比较薄弱,因而在具体创建过程中的确存在许多困难与问题。究其原因,从表面上看,可能与名师的生成机理不合理以及名师工作室的运行机制不科学有关,但实质根源,则与高校体育名师工作室的基本内涵把握不准以及创建工作的基本思路不够清晰关系极大。破解高校体育名师工作室创建难题,贵在多方联动、综合发力。作为各级教育主管部门及各级各类高校,既要实施监控,又要避免干预,应充分调动名师及其团队成员的内在潜能,做到破除障碍、保驾护航;作为名师,既要承载荣耀,又要勇于担当,甘做工作室的铺路人,用发展的眼光、创新的思维引领团队,做到传统与现代有机结合;作为团队成员,既要分享成果,又要乐于承担,甘做工作室的践行者,用满腔的热忱、勤恳的工作融入团队,做到团队与个人有机统一;作为共同体,既要共享成功,又要同场奋斗,甘做彼此的同行者,用宽广的胸怀、欣赏的目光善待团队,做到风雨同舟、休戚与共;作为工作室,既要着眼当下,又要放眼前程,努力成为团队成员的温暖之家、成就之所,做到统筹兼顾、持续推进。

第三节 高校体育名师工作室的引领路径

我国的高校体育名师工作室大体分为3个层级,分别为国家级、省(市、区)级和校级。国家级名师工作室属于最高层面,一般称之为"大师工作室";省级名师工作室属于中间层面,一般称之为"名师(大师)工作室";校级名师工作室属于最低层面,称之为"名师工作室"。全国近3000所高校,即便能够成为校级体育名师工作室也实属不易,这在一定程度上印证了高校体育学科的弱势地位。无论何种层面的名师工作室,其最终目的都是希望通过名师带动团队进而发挥"点的凝聚、线的延伸、面的辐射"等引领作用。高校体育名师工作室在实际运行中,通过团队建设、课程建设、学科建设等路径,将会进一步引领新时代我国高校体育俱乐部制的创新发展与持续发展。

一、通过团队建设引领俱乐部制创新发展与持续发展

团队建设是名师工作室创建与发展的永恒主题。名师工作室能够经久不衰,坚持不懈地开展团队建设至关重要。我国各级各类高校的体育名师工作室是体育俱乐部建设与发展的重要推动力量,制定团队建设规划、注重名师效应、关注个性化发展、强化职业道德信念培养等,既是持续推进团队成员综合素质整体提升的有效举措,也是引领新时代高校体育俱乐部制创新发展与持续发展的重要策略。

不断完善团队建设规划,建立团队成员能进能出的长效机制,为高校体育俱乐部制的创新发展与持续发展在人力支撑上提供引领。团队建设规划是高校体育名师工作室的行动指南,一般分为总体规划和个人成长计划(目标任务)。随着时间的推移、任务的落实,名师工作室的实际运行会出现新情况、新问题、新要求。建设规划的不断完善,不仅可以弥补总体方案的先期不足,而且可以调整团队成员的后期结构。在团队建设规划不断完善的过程中,结合高校体育俱乐部的建设与发展,按照目标任务完成情况,积极引进"有为"教师,及时清理"无为"成员,努力避免"搭便车"现象,从人力支撑上引领高校体育俱乐部制的创新发展与持续发展。

注重名师效应,突出体育名师的示范、引领、辐射作用,为新时代我国高校体育俱乐部制的创新发展与持续发展在实际运行上提供引领。名师工作室的主管部门应积极塑造名师形象并全力维护名师权威,确保名师的核心地位基本稳定。名师本人也要努力保持自身良好形象并通过公开教学、观摩指导、课题研究、专题讲座等活动给团队做示范,通过有计划的集体备课、说课、讲课、评课等活动引领团队,开展有针对性的师生座谈会、学情分析会、学生议事会、教学研讨会等活动引导团队。作为名师,更要通过自己的实际行为巩固核心地位并积极配合学校教学运行管理部门,通过统一开展的学生评价、同行评价、领导评价、教学部门评价、科研部门评价等环节规范团队成员

的教育教学行为,从实际运行上引领高校体育俱乐部制的创新发展与持续发展。

关注个性化发展,促进团队成员沿着既定方向健康成长,为新时代我国高校体育俱乐部制的创新发展与持续发展在预期效果上提供引领。高校体育名师工作室的团队成员在课堂教学、课余体育活动、运动训练与竞赛、学科研究、社会服务等领域的优势不尽相同,因人制宜、扬长补短十分必要。名师工作室在关注团队成员工作总体进展的同时,也要特别关注团队成员的个性化发展。要积极争取相关政策,采用学历学位培养、境内外访学研修、学术交流、各级各类学科专业培训、校本以及工作室培训等途径,帮助团队成员夯实基础、明确方向、确立优势。通过团队成员个体优势的彰显以及个性化需求的满足,从预期效果上引领高校体育俱乐部制的创新发展与持续发展。

强化职业道德信念培养,激发团队成员积极投身高等体育教育事业,为新时代我国高校体育俱乐部制的创新发展与持续发展在理念观念上提供引领。高校体育名师工作室要始终把立德树人作为团队建设的基本遵循,通过团队建设牢固树立以学生全面发展为中心的教育教学理念。团队成员要立足体育课堂并借助体育俱乐部等高校课余体育组织,有的放矢地开展社会主义核心价值观教育,在传授体育健康知识、运动技能以及开展课余体育活动的同时,注重大学生的思想品德、职业道德、心理健康、社会适应等内容的教育与培养,帮助大学生进一步明确享受乐趣、增强体质、健全人格、锤炼意志等学校体育思想。名师工作室要将职业道德信念纳入团队建设考核范畴,督促团队成员通过健康向上的生活态度、积极进取的工作态度、严谨勤奋的治学态度、乐观豁达的处事态度影响学生,在理念观念上引领高校体育俱乐部制的创新发展与持续发展。

二、通过课程建设引领俱乐部制创新发展与持续发展

体育课程是高校体育的重要存在形式,随着高等教育教学改革的不断深化,高校体育课程的组织形式、教学时段、参与群体、锻炼内容、活动方式、设施保障等发生变异,关乎课程建设的课程模式、教材教法、教学手段等随之改变,以体育俱乐部改革为主要内容的探索与实践为我国高校体育课程建设注入了活力与动力。在全国各级各类高校努力推行体育俱乐部制的现实背景

下,持续推进高校体育课程建设,既是提升团队并确保团队成员高质量完成教育教学任务的必然选择,也是引领新时代我国高校体育俱乐部制创新发展与持续发展的重要路径。

推进高校体育课程模式改革,建立适合新时代中国特色高校体育课程模式,为新时代我国高校体育俱乐部制的创新发展与持续发展在主体形式上提供引领。关于我国高校体育课程模式,第八章已经作出描述。我国各级各类高校究竟采取何种体育课程模式,应该是社会发展、基本国情、基本校情等共同作用的结果。高校体育课程模式决定高校体育课程的具体开设,因而也决定新时代我国高校体育俱乐部制创新发展与持续发展的主体形式。名师工作室须配合学校积极推进高校体育课程模式改革,应力求在课程设置上实现总体刚性与个体柔性相对平衡、在课程结构上实现课内教学与课外指导有机联系、在课程内容上实现学生需求与学校实际统筹兼顾、在课程评价上实现学生评教与教师评学双向互动、在课程保障上实现质量监控与资源利用同步跟进。通过高校体育课程模式改革的持续推进,从主体形式上引领新时代我国高校体育俱乐部制的创新发展与持续发展。

推进高校体育教材建设,建立适合新时代中国特色高校体育教材体系,为高校体育俱乐部制的创新发展与持续发展在实现范式上提供引领。高校体育教材是实施高校体育课程的重要依托,也是高校体育课程建设的重要板块。当下,我国高校体育教材呈现多元化倾向,就层次而言,既有国家级、省(部)级规划教材,也有校本自编教材。在纸质教材品质方面,存在参差不齐的情况。况且,大学生获取体育知识也不再单单局限于纸质教材,多渠道获取成为主流。作为高校体育名师工作室,应着力加强新时代中国特色高校体育教材体系建设。在精选优质教材的同时,要组织团队成员编写适合本校特色的高质量校本教材与辅导用书。为拓宽大学生体育知识获取渠道,要将MOOC、新媒体、网络资源等引入体育教材,引导学生自我组织、自主学习、自主锻炼、自主健身。通过高校体育教材建设的持续推进,从实现范式上引领高校体育俱乐部制的创新发展与持续发展。

推进高校体育教学法研究与实践,建立适合新时代中国特色高校体育课程教学手段与方法体系,为新时代我国高校体育俱乐部制的创新发展与持续发展在达成方式上提供引领。高校体育教学法的研究与实践,是高校体育课程质量的重要保障，因而是高校体育课程建设的长期行为。当下，基于高校体育俱乐部改革的相关研究存在一定缺陷，主要表现为基础理论研究偏少且缺乏哲学、教育学等学科根基。另外，理论与实践脱节的现象比较严重，一厢情愿的结论相对比较突出。高校体育名师工作室应该警醒并有所作为。因此，在具体教学手段与方法的研究与实践上，不仅要建立教学研讨与经验交流长效机制，而且要在实际教学过程中做到有的放矢。要充分利用体育俱乐部等课余体育组织，教育、引领团队成员用"四心"（真心、热心、耐心、爱心）对待每一位学生并重视学生的差异性与个性化培养。面对体育弱势学生，要分析原因、耐心引导，鼓励、帮助学生克服困难，建立信心；面对体育优秀学生，要因势利导、督促提高，努力挖掘体育骨干的运动潜能并加以培养；面对心理困惑学生，要善于发现、耐心疏导，通过沟通、联络、协调帮助学生走出困境。倡导师生之间、生生之间的多边互动，着力培养学生自学自练、自觉自醒、自娱自乐能力，鼓励学生在体育活动中展示自我、寻找自信。探索科学评价学生体育考试考核的手段与方法，尽量淡化甄别、选拔功能，强化激励、发展功能，把学生对体育的认知态度、参与程度、进步幅度等纳入评价内容。通过高校体育教学法研究与实践的持续推进，从达成方式上引领新时代我国高校体育俱乐部制的创新发展与持续发展。

三、通过学科建设引领俱乐部制创新发展与持续发展

学科是团队的重要依托，是人才培养、科学研究、社会服务乃至师资队伍建设的基本单元。高校体育属于公共学科，其多学科基础、多功能特征等对该学科的建设尤其是团队建设提出了更高要求。高校体育学科建设主要反映在学科服务、学科融合以及学科研究等相应领域。持续推进高校体育学科建设既是高校体育名师工作室可持续发展的有力保证，也是引领新时代我国高校体育俱乐部制创新发展与持续发展的重要基础。

高校体育学科建设的根本任务是服务人才培养，立足服务推进高校体育学科建设，为新时代我国高校体育俱乐部制的创新发展与持续发展在目标上提供引领。学科服务是高校体育学科建设的内在驱动，高校体育的服务水平最终取决于高校体育学科的师资状况。师资队伍（学科队伍）建设是学科建设的关键要素，高校体育名师工作室的创建目的，就是希望通过体育名师带

动高校体育的师资队伍建设,通过建设提高服务意识、转变教育教学观念、提升高校体育育人质量。学科服务的重要表现形式是成果的形成、运用与转化,高校体育名师工作室要结合高校体育俱乐部的建设与发展,及时总结、提炼并申报高校体育学科建设相关成果。成果的形成、运用与转化过程也是学科建设的推进过程,既要充分利用已有资源与学科平台,也要积极挖掘和共享其他资源。伴随学科服务水平的不断提高,要努力寻找新的学科建设成果增长点,为团队成员持续推进学科建设提供动力。学科建设成果的形成、运用与转化,将会极大地增强团队成员服务人才培养的积极性,从目标上引领新时代我国高校体育俱乐部制的创新发展与持续发展。

高校体育学科建设的最大追求是实现学科融合,立足融合推进高校体育学科建设,为新时代我国高校体育俱乐部制的创新发展与持续发展在方向上提供引领。学科融合是高校体育学科建设行稳致远的重要标志,高校体育的学科融合不仅受制于学科自身建设的体制机制,而且在很大程度上受到师资队伍现实状况的限制与影响。高校体育名师工作室应结合体育俱乐部的建设与发展,首先统一认识,促使团队成员进一步明确学科融合重要意义,力求在思想上实现基本认同;其次建立并不断完善学科交叉融合体制机制,力求在行动上实现同频共振。高校体育名师工作室要大力引导团队成员充分利用相关学科建设资源,通过学科研讨、项目参与、学术交流、访学提升等途径,鼓励团队成员结合自己的学科方向积极融入校内外相关学科团队。比如:关注人文学科的团队成员,积极融入哲学、社会学、经济学、管理学、法学、教育学等学科团队;关注自然学科的团队成员,积极融入生命科学、动物医学、人体科学等学科团队;关注应用学科的团队成员,借助机械、电子、中药学等学科团队资源,开展体育设施改造、运动器械发明、健身品牌创造活动等。学科融合将会极大地增强团队成员的学科竞争力,从方向上引领新时代我国高校体育俱乐部制的创新发展与持续发展。

高校体育学科建设的重要手段是深化学科研究,立足研究推进高校体育学科建设,为新时代我国高校体育俱乐部制的创新发展与持续发展在方式上提供引领。学科研究是高校体育学科建设的重要载体,高校体育的学科研究水平既能反映体育学科在学校的层次与位置,也在一定程度上体现了体育名师工作室的综合实力。针对高校体育俱乐部建设与发展的具体实际,高校体育名师工作室要将学科研究作为团队成长的必须行为,要积极搭建学科研究平台,建立名师工作室与主管部门之间、校内外不同名师工作室之间、名师工作室与基层社区之间以及名师工作室内部成员之间的联动机制。作为名师,须统揽全局,不仅要带领团队成员高质量完成工作室承担的学科研究任务,而且要带头并耐心指导团队成员积极申报各级各类学科研究课题。作为团队成员,要把高校体育改革与发展以及高校体育俱乐部建设与发展中的难点与热点作为学科研究的主攻方向,通过相关内容研究,切实提高高校体育学科建设水平。学科研究将会极大地提升团队成员的学科素养,从方式上引领新时代我国高校体育俱乐部制的创新发展与持续发展。

我国高校体育界希望通过俱乐部制推动高校体育改革与发展的愿望一直十分迫切,然而近30年来,我国高校体育俱乐部的建设与发展远远未能达到基本预期,受多方因素影响,未来发展之路可能还比较漫长,高校体育的践行者,探索新时代我国高校体育俱乐部制创新发展与持续发展的任务依然十分艰巨。高校体育名师工作室作为带有校本特色的、相对松散的、非行政性质的体育学科共同体,在高校中有一定的地位,对高校体育俱乐部制创新发展与持续发展的引领作用不言而喻。诚然,高校体育名师工作室的引领作用可能会因名师以及名师工作室的层级不同而存在差异,但无论何种层级的体育名师工作室,也只是引领的区域与辐射的范围有所不同而已。我们有理由相信,伴随高校体育名师工作室的创建与发展,通过团队建设、课程建设、学科建设的持续推进,在进一步解放思想、转变观念、投身实践的基础上,新时代我国高校体育俱乐部制必将步入新的阶段。

参考文献

一、法规、文件类

[1] 中华人民共和国宪法:2018年修正[A].

[2] 中华人民共和国教育法:2015年修正[A].

[3] 中华人民共和国体育法:2016年修正[A].

[4] 中华人民共和国高等教育法:2018年修正[A].

[5] 中国教育改革和发展纲要:中发〔1993〕3号[A].

[6] 全民健身计划纲要:国发〔1995〕14号[A].

[7] "健康中国2030"规划纲要[A].

[8] 体育强国建设纲要:国办发〔2019〕40号[A].

[9] 全国普通高等学校体育课程教学指导纲要:教体〔1992〕11号[A].

[10] 全国普通高等学校体育课程教学指导纲要:教体艺〔2002〕13号[A].

[11] 高等学校体育工作基本标准:教体艺〔2014〕4号[A].

[12] 关于深化教育改革全面推进素质教育的决定[A].

[13] 关于进一步加强和改进新时期体育工作的意见:中发〔2002〕8号[A].

[14] 关于加强青少年体育增强青少年体质的意见:中发〔2007〕7号[A].

[15] 关于加快发展体育产业促进体育消费的若干意见:国发〔2014〕46号[A].

[16] 关于强化学校体育促进学生身心健康全面发展的意见:国办发〔2016〕27号[A].

[17] 关于全面加强和改进新时代学校体育工作的意见[A].

[18] 高等学校体育工作暂行规定(试行草案):(79)教体字020号、(79)体群字43号[A].

[19] 学校体育工作条例:2017年修订[A].

[20] 大学生体育合格标准及大学生体育合格标准实施办法:教体〔1990〕15号[A].

[21] 普通高等学校体育场馆设施、器材配备目录:教体艺厅〔2004〕6号[A].

[22] 大学生健康教育基本要求(试行)[A].

[23] 关于全国普通高等学校体育教材建设的意见:教体〔1993〕13号[A].

[24] 全国学生体质健康监测网络工作实施方案:教体艺函〔2002〕1号[A].

[25] 学生体质健康标准(试行方案)及学生体质健康标准(试行方案)实施办法:教体艺〔2002〕12号[A].

[26] 关于进一步加强普通高等学校高水平运动队建设的意见:教体艺〔2005〕3号[A].

[27] 关于进一步加强高等学校体育工作的意见:教体艺〔2005〕4号[A].

[28] 国家学校体育卫生条件试行基本标准:教体艺〔2008〕5号[A].

[29] 关于进一步加强学校体育工作的若干意见:国办发〔2012〕53号[A].

[30] 学生体质健康监测评价办法、中小学校体育工作评估办法、学校体育工作年度报告办法:教体艺〔2014〕3号[A].

[31] 国家学生体质健康标准(2014年修订):教体艺〔2014〕5号[A].

[32] 关于加强和改进群众体育工作的意见:体群字〔2014〕135号[A].

[33] 关于深化体教融合促进青少年健康发展的意见:体发〔2020〕1号[A].

[34] 关于在全省高校推行公共体育艺术教育俱乐部制教学改革的意见:皖教秘高〔2018〕60号[A].

[35] 关于进一步推进高校公共体育艺术俱乐部制教育教学改革全面提高大学生身心健康水平和艺术修养的通知:皖教秘〔2019〕489号[A].

二、著作类

[1] 恩格斯.劳动在从猿到人转变过程中的作用[M].中共中央马克思恩格斯列宁斯大林著作编译局,译.北京:人民出版社,1971.

[2] 泰勒.原始文化[M].蔡江浓,编译.杭州:浙江人民出版社,1988.

[3] 何叙.中国近现代体育思想的传承与演变[M].北京:人民出版社,2013.

[4] 傅砚农,曹守和.新中国体育指导思想研究[M].北京:人民出版社,2012.

[5] 谭华,刘春燕主编.体育史[M].2版.北京:高等教育出版社,2017.

[6] 宋尽贤,廖文科主编.中国学校体育30年(1979—2009)[M].北京:高等教育出版社,2010.

[7]《体育大国向体育强国迈进的理论与实践研究》课题组编.体育强国战略研究[M].北京:人民体育出版社,2010.

[8] 熊晓正,钟秉枢主编.新中国体育60年[M].北京:北京体育大学出版社,2010.

[9] 崔乐泉,杨向东主编.中国体育思想史(近代卷)[M].北京:首都师范大学出版社,2008.

[10] 崔乐泉主编.体育史[M].北京:高等教育出版社,2018.

[11] 周登嵩主编.学校体育学[M].北京:人民体育出版社,2004.

[12] 李祥主编.学校体育学[M].北京:高等教育出版社,2001.

[13] 曲宗湖,杨文轩主编.现代社会与学校体育[M].北京:人民体育出版社,1999.

[14] 顾渊彦,凌平主编.域外学校体育传真[M].北京:人民体育出版社,1999.

[15] 曲宗湖,杨文轩主编.学校体育教学探索[M].北京:人民体育出版社,2000.

[16] 曲宗湖,杨文轩主编.学校体育思想分析[M].北京:人民体育出版社,1999.

[17] 曲宗湖,杨文轩主编.课余体育新视野[M].北京:人民体育出版社,1999.

[18] 杨贵仁主编.中国学校体育改革的理论与实践[M].北京:高等教育出版社,2006.

[19] 熊晓正主编.体育概论[M].北京:北京体育大学出版社,2008.

[20]《体育概论》编写组.体育概论[M].北京:北京体育大学出版社,2013.

[21] 周务农.高等教育体育论[M].北京:北京理工大学出版社,2013.

三、论文类

[1] 王悌福.试论我国高校体育发展趋势[J].体育科技,1987(2):28—30.

[2] 田忠.普通高校"大学生体育俱乐部"阐释[J].浙江体育科学,1994,5(5):54—58.

[3] 田忠,周清志.关于高校体育俱乐部对增强学生体质的绩效研究[J].四川体育科学,1995(3):44—45,35.

[4] 田忠.关于我国部分普通高校大学生体育俱乐部绩效研究[J].体育科学,1995(5):27.

[5] 胡建华.高校体育教学改革模式探讨：我校实施俱乐部制体育课的初步尝试[J].上海体育学院学报,1995,19(6):1—3.

[6] 陈学华.高校单项体育俱乐部的建立和运作[J].体育与科学,1996(5):48—49.

[7] 戴维·马修斯.美国高校的体育俱乐部[J].甄国栋,译.安徽体育科技,1996(4):11—13,19.

[8] 曲小锋,倪志荣.面向21世纪高校体育俱乐部新模式探讨[J].中国体育科技,1997,33(8):63—64.

[9] 谭沃杰.关于高校体育教学俱乐部发育规律的研究——深圳大学体育教学俱乐部的现状和对策[J].体育与科学,1998,19(2):17—20.

[10] 陈海啸.高校实施俱乐部型体育教学模式研究[J].体育与科学,1998,19(3):60—63.

[11] 陈海啸,黄力生.当前我国高校体育教学模式及21世纪体育教学模式发展趋势探讨[J].成都体育学院学报,1998,24(4):56—59.

[12] 李惠玲,张春美.建立高校课外体育活动的新模式——体育俱乐部初探[J].体育学刊,1999(2):9—10.

[13] 王晓军,郑可珍.我国高校课外体育活动现状与分析（文献综述）[J].山东体育学院学报,1999,15(1):63—66.

[14] 刘翱.建立高校体育俱乐部的设想[J].体育学刊,2000(1):100—101.

[15] 姚毓武,张大为.我国高校体育俱乐部研究综述[J].天津体育学院学报,2000,15(3):34－37.

[16] 钟学军,刘望.深化高校体育俱乐部管理的新举措——锻炼卡初探[J].体育学刊,2000(6):110－111.

[17] 丁秀娟,吴超.华东师范大学学生体育俱乐部制现状分析及未来发展对策研究[J].山东体育学院学报,2001,17(1):65－68.

[18] 王港,王建伟.我国高校现有体育俱乐部的构建形式[J].西安体育学院学报,2001,18(1):95－96.

[19] 吉建秋.高校课外体育俱乐部发展分析[J].四川体育科学,2001(3):64－66.

[20] 张华君.我国高校俱乐部型体育教学模式剖析[J].浙江体育科学,2001,23(5):19－21.

[21] 刘志敏.对我国普通高校体育教学俱乐部的比较研究[J].北京体育大学学报,2000,24(4):505－507.

[22] 安儒亮.世界发达国家体育俱乐部概况[J].西安体育学院学报,2001,18(4):25－27.

[23] 王余,刘峥,赫忠慧.北京大学百年体育思想[J].体育文化导刊,2002(1):74－76.

[24] 程杰.学分制下的高校体育教学改革[J].北京体育大学学报,2002,25(1):97－99.

[25] 盖文亮,吕兵.建立我国高校综合性体育俱乐部体制的若干构想[J].西安体育学院学报,2002,19(1):96－97,100.

[26] 汪正毅,陈丽珠,金宗强.21世纪我国高校体育教学改革方向研究[J].北京体育大学学报,2002,25(2):225－227.

[27] 王建欣.高校体育俱乐部的作用与运作[J].体育文化导刊,2002(3):71－72.

[28] 陈文杰.探索普通高校课外体育俱乐部的可持续发展[J].哈尔滨体育学院学报,2002,20(3):29－30.

[29] 叶敬春,张军.高校组建体育俱乐部的可行性分析及其实施办法[J].武汉体育学院学报,2002,36(4):18－19,17.

[30] 傅光磊.德国学校体育俱乐部特点及其对我国高校体育俱乐部的启示[J].哈尔滨体育学院学报,2002,20(4):14—15.

[31] 吴明深,陈长礼.大学生体育俱乐部管理初探[J].体育学刊,2002,9(6):83—85.

[32] 周云飞,陈东岗,刘建平.高校体育俱乐部教学模式的选择与实践[J].上海体育学院学报,2002,26(4):86—89.

[33] 陈伟霖,黄文扬.普通高校体育课程教学模式综述[J].体育科学研究,2002,6(4):49—52.

[34] 李海燕.北京市普通高校实施课外活动体育俱乐部的可行性研究[J].首都体育学院学报,2002,14(4):66—69.

[35] 金晓阳,蒋荣,薛雨平.高校建立城市社区体育俱乐部的构想[J].南京体育学院学报,2002,16(6):37—39.

[36] 邹师,冯火红.我国普通高校体育俱乐部的类型与特色研究[J].北京体育大学学报,2003,26(1):70—73.

[37] 冯火红,邹师.对部分普通高校开设体育俱乐部的可行性研究[J].沈阳师范大学学报(自然科学版),2003,21(1):61—64.

[38] 吴秋林,茆飞霞.华东地区高校体育俱乐部现状调查[J].中国体育科技,2003,39(3):25—26,29.

[39] 王勇,张文普.我国高校体育俱乐部发展现状的分析[J].广州体育学院学报,2003,23(3):12—14.

[40] 卢兆振,许弘.未来高校体育俱乐部组织和运作的研究[J].首都体育学院学报,2003,15(2):123—125.

[41] 张铁明.高校体育俱乐部社会化发展趋势[J].体育文化导刊,2003(7):48—49.

[42] 李敏卿.体育教学俱乐部模式的改革与实践[J].体育学刊,2003,10(5):87—89.

[43] 赵江红,史斌,刘志强.西北地区普通高校大学生参与体育俱乐部活动现状研究[J].成都体育学院学报,2003,29(6):77—79.

[44] 闻扬,杜力萍.高校课余体育俱乐部的构建与实践研究[J].成都体育学院学报,2003,29(6):80—81.

[45] 陈家起,罗建萍,徐武.学分制课外体育俱乐部的运作模式[J].体育学刊,2004,11(1):90-92.

[46] 吴秋林,杨勤.华东区高校体育俱乐部运作情况调查研究[J].成都体育学院学报,2004,30(1):94-96.

[47] 黄伟业.高等院校体育俱乐部制与终身体育教育的相关研究[J].南京体育学院学报(社会科学版),2004,18(1):78-80.

[46] 杨芳.论高校体育俱乐部教学模式与学生体育权利的关系——兼谈大学生的体育权利[J].北京体育大学学报,2004,27(5):672-673.

[49] 徐国富,尹霞,吕小峰.以俱乐部形式进行大学体育教学的实验与研究[J].西安体育学院学报,2004,21(3):89-92.

[50] 周云飞.高校体育教学推行俱乐部模式的思考[J].上海体育学院学报,2004,28(3):92-94.

[51] 曹春宇,徐明魁,杨芳.体育俱乐部模式与大学生体育权利实现的关系[J].体育学刊,2004,11(4):139-140.

[52] 刘志敏.普通高校体育教学俱乐部概念辨析[J].体育文化导刊,2004(8):56-57.

[53] 刘建坤,王桂欣.我国普通高校开展体育教学俱乐部研究文献的综述[J].北京体育大学学报,2005,28(2):232-234.

[54] 洪涛.构建"艺术、体育俱乐部"体系对大学生实施素质教育的实践研究[J].沈阳体育学院学报,2005,24(1):70-72.

[55] 杨勤,吴秋林.普通高校体育俱乐部发展思路研究[J].北京体育大学学报,2005,28(3):395-397.

[56] 刘庆青.普通高校体育教学俱乐部的运行机制[J].上海体育学院学报,2006,30(2):92-95,100.

[57] 赵妤.中、美、日学校体育的比较研究[J].北京体育大学学报,2007,30(1):14-16.

[58] 董立红,虞重干.美、德、日社区体育俱乐部的管理体系及运行机制[J].体育成人教育学刊,2007,23(1):10-11.

[59] 秦纪强.我国高校体育俱乐部若干问题思考[J].成都体育学院学报,2007,33(1):117-119.

[60] 秦纪强,王杰.我国高校体育俱乐部的基本定位及未来趋势研究[J].安徽体育科技,2007,28(3):65—68.

[61] 陈小蓉.大学体育课程"四三"模式的构建与实施[J].北京体育大学学报,2007,30(5):813—816.

[62] 刘波.德国体育俱乐部体制与学校体育关系的研究[J].体育与科学,2008,29(1):88—93.

[63] 刘志敏,丁振峰.普通高校体育课程内容新体系的构建——课内外一体化体育俱乐部探索[J].体育与科学,2008,29(3):82—86.

[64] 许斌,戴永冠.俱乐部制体育教学体系的理论与实践研究——以广东工业大学为例[J].广州体育学院学报,2009,29(4):113—117,41.

[65] 秦纪强.韩国大学体育的发展及其启示[J].体育文化导刊,2011(12):106—109.

[66] 祝自新.制约高校课外体育俱乐部发展的因素研究——以20所高校课外体育俱乐部的调查为证[J].华中农业大学学报(社会科学版),2012(6):116—120.

[67] 崔树林,张波."三元一体"大学体育课程发展模式构建[J].成都体育学院学报,2012,38(12):78—80.

[68] 金育强,魏婷.韩国生活体育发展状况及其振兴政策的研究——对中国体育生活化的启示[J].沈阳体育学院学报,2013,32(2):42—45.

[69] 于可红,张俏.哈佛大学俱乐部体育对我国高校体育的启示[J].浙江体育科学,2013,35(6):51—54.

[70] 陆作生,杨倩,陈金婵.21世纪日本增强中小学生体质的体育策略及其启示[J].体育学刊,2013,20(6):91—93.

[71] 秦纪强.高校体育课程"选项+俱乐部"模式构建与实施[J].体育文化导刊,2015(11):140—143,156.

[72] 李波.回归与超越——小林培男教授学术访谈录[J].体育与科学,2016,37(1):14—23.

[73] 向剑锋.美国高校公共体育教育现状及启示[J].西安体育学院学报,2016,33(3):372—377.

[74] 盛怡,杨洪,缪律.美国大学体育俱乐部教学模式的特征及启示——以布莱恩特大学为例[J].武汉体育学院学报,2016,50(6):90-100.

[75] 何文捷,王泽峰.日本社区体育俱乐部发展历程及启示[J].体育文化导刊,2017(4):192-196.

[76] 许彩明.我国普通高校体育俱乐部教学模式的困境分析与优化研究[J].吉林体育学院学报,2017,33(2):21-24.

[77] 吴飞,张锐.对德国体育俱乐部的再认识——基于2015年德国俱乐部发展报告的分析[J].山东体育学院学报,2017,33(4):15-19.

[78] 吴飞,张锐,郑晓瑛.德国体育俱乐部志愿者体系及启示[J].体育与科学,2017,38(5):44-49.

[79] 郭伟,滝瀬定文.日本中小学体育俱乐部发展经验对我国学校体育俱乐部建设的启示[J].西安体育学院学报,2018,35(1):111-115.

[80] 傅振磊,莫少强.我国大学体育俱乐部教学模式的回顾、反思与出路[J].广西社会科学,2018(2):204-208.

[81] 尤信招.供给侧视角下高校体育俱乐部的研究[J].中国学校体育(高等教育),2018,5(4):28-31.

[82] 汪颖,李桂华,袁俊杰,等.世界体育发达国家体育俱乐部发展经验及启示[J].体育文化导刊,2020(1):48-53.

四、网络资源类

[1] 中国共产党第十九次全国代表大会报告[EB/OL].(2020-04-10). http://cpc.people.com.cn/n1/2017/1028/c64094-29613660.html.

[2] 胡锦涛在北京奥运会残奥会总结表彰大会上的讲话[EB/OL]. (2020-04-10).http://www.gov.cn/ldhd/2008-09-29/content_1109754.htm.

[3] 习近平会见全国体育先进单位和先进个人代表等[EB/OL].(2020-04-10).http://www.gov.cn/xinwen/2017-08/27/content_5220823.htm.

[4] 国务院新闻办就深化体教融合促进青少年健康发展政策有关情况举行新闻发布会[EB/OL].(2020-09-28).http://www.gov.cn/xinwen/2020-09/22/content_5545931.htm.

［5］第二次国民体质监测公报［EB/OL］.（2020-04-26）. http：//www. sport. gov. cn/n16/n1077/n1467/n1587/616932. html.

［6］教育部关于2010年全国学生体质与健康调研结果公告［EB/OL］.（2020-04-26）. http：//old. moe. gov. cn/publicfiles/business/htmlfiles/moe/s5948/201109/124202. html.

［7］2014年国民体质监测公报［EB/OL］.（2020-04-26）. http：//sports. china. com. cn/quanminjianshen/quanminjianshenbaogao/detail1_2015_11/18/472339. html.

［8］福建省义务教育质量监测（2019）·体育与健康质量监测结果报告［EB/OL］.（2020-08-30）. http：//fjnews. fjsen. com/2020-08/20/content_30451417. htm.

［9］深圳大学改革公共体育课程的思考与实践［EB/OL］.（2020-07-17）. http：//www. moe. gov. cn/jyb_xwfb/xw_fbh/moe_2128/moe_2326/moe_2316/moe_2317/tnull_14715. html.

［10］深圳大学体育教学俱乐部调研报告［EB/OL］.（2020-07-28）. http：//www. doc88. com/p-5307169015104. html.

［11］完美"蝶变"！合肥学院12年体育课程俱乐部制到底改革了什么？［EB/OL］.（2020-09-10）. https：//www. sohu. com/a/256101209_391402.

［12］合肥学院大学体育课程教学俱乐部制改革实施方案［EB/OL］.（2020-09-12）. https：//www. docin. com/p-82742381. html.

后 记

我国高校体育俱乐部制的探索与实践起始于20世纪90年代,近乎与本人1989年入职高校担任体育教师同步。30多年来,本人从未停止过高校公共体育的一线教学与研究工作,关于高校体育俱乐部制的历史演进,本人既是亲历者又是践行者。本人2007年1月发表在《成都体育学院学报》上的《我国高校体育俱乐部若干问题思考》一文,为本书的形成埋下伏笔。

2019年、2020年冬季因探望女儿均在美国度过,身临其境地感受过美国高校体育教育的影响力,这对全书的构思与撰写产生重大影响,撰稿时段主要集中在2020年。在实际撰写过程中,最初构思的基本框架做过两次较大调整及数次微调,其间,安徽大学出版社副社长、副编审刘中飞在选题及框架上提供指导,安徽科技学院体育部体质测试中心主任宋述雄副教授在文献统计的数据处理上提供帮助,安徽科技学院图书馆副馆长王玉林研究馆员在文献资料查阅上提供咨询,另外,本书还引用了深圳大学和合肥学院的俱乐部制改革材料以及相关学者的研究成果。此外,安徽大学出版社编辑们严谨的工作态度令我敬佩,他们为本书出版所付出的努力与辛劳令我感动,在此一并致以诚挚谢意!

我国进入中国特色社会主义新时代,习近平总书记关于"享受乐趣、增强体质、健全人格、锤炼意志"的学校体育思想,是新时代我国高校体育俱乐部制继承创新与持续发展的重要遵循。高校体育俱乐部制的实施策略,就是要积极利用俱乐部这种组织形式,最大限度地发挥高校体育的育人功能、实现高校体育的育人目标。针对体育教学与训练,高校体育俱乐部制侧重通过俱乐部这种组织形式完成"教会"与"提高"任务,针对体育竞赛与课余活动,高校体育俱乐部制侧重检验俱乐部成员"勤练"与"常赛"效果,本书的编撰出版,希望对此有所触动。

2021年两会期间,全国政协委员、江苏省锡山高级中学唐江澎校长,在第二场"委员通道"回答记者提问"什么是教育的真谛"时如此回应:"好的教育应该是培养终生运动者、责任担当者、问题解决者和优雅生活者。"本书的编撰出版,也热切期望能够在"教育真谛"的感悟上尤其是"培养终生运动者"的行动上有所促进。

秦纪强
2021年5月